Musik und Tanz für Kinder
WIR LERNEN EIN INSTRUMENT

Barbara Metzger/Michaela Papenberg

Querflöte

spielen und lernen

Handbuch für den Unterricht

herausgegeben von Wolfgang Hartmann,
Rudolf Nykrin, Hermann Regner

Mainz · London · Madrid · New York · Paris · Tokyo · Toronto

Zum Unterrichtswerk *Querflöte spielen und lernen* gehören:

- Handbuch für den Unterricht – Bestellnummer ED 8553
- *Flötenheft 1* mit Elterninformation – Bestellnummer ED 8551
- *Flötenheft 2* – Bestellnummer ED 8552
- Elterninformation einzeln – Bestellnummer KAT 160-99

In der Reihe „Musik und Tanz für Kinder – Wir lernen ein Instrument" erscheinen auch die Unterrichtswerke:

- *Blockflöte spielen und lernen*
- *Geige spielen und lernen*
- *Klavier spielen und lernen*
- *Schlagwerk spielen und lernen*

Koordination: Rudolf Nykrin

Hinweis: Die in diesem Handbuch enthaltenen Arbeitsblattvorlagen können zu Unterrichtszwecken in begrenzter Anzahl kopiert werden.

Team: Gila Czermin, Wolfgang Hartmann, Mari Honda, Desirée Kegley, Uwe Kühner, Ines Mainz, Barbara Metzger, Torsten Müller, Rudolf Nykrin, Michaela Papenberg, Hermann Regner, Werner Stadler, Bianka Wüstehube

Illustrationen: Christiane Werner

Bestellnummer ED 8553
ISMN: M-001-11592-6
ISBN: 3-7957-5190-x
Lektorat: Monika Heinrich
Umschlagillustration: Christiane Werner

Printed in Germany · BSS 48903

Vorwort

Das Unterrichtswerk „Musik und Tanz für Kinder“ hat in den Bereichen Musikalische Früherziehung und Musikalische Grundausbildung neue Wege aufgezeigt, um Kinder zum Erleben und Gestalten von Musik und Tanz zu führen. Viele Kinder sind dadurch ermuntert worden, ein Instrument zu erlernen.

Hier setzt die Reihe „Musik und Tanz für Kinder – Wir lernen ein Instrument“ ein. Die zugehörigen Unterrichtswerke sollen helfen, Kindern ein Fundament im Instrumentalunterricht zu bauen und eine Brücke, auf der sie bereits erworbene Einstellungen und Vorstellungen, Fähigkeiten und Fertigkeiten „mitbringen“ und beim Spielen eines Instruments weiter anwenden und differenzieren können. Dabei wird das Instrument zum neuen und fordernden Ausgangspunkt eines Spielens, Lernens und Gestaltens, das die Kinder mit all ihrer Phantasie und allen Neigungen, die dem musikalischen Lernen förderlich sind, einbeziehen will. Der Instrumentalunterricht soll auch *Musik*unterricht sein: Er soll an das Instrument heranführen, aber das Instrument auch als ein Mittel verstehen, um in die Musik weiter einzudringen.

Alle speziellen Instrumentalkonzepte der Reihe „Musik und Tanz für Kinder – Wir lernen ein Instrument“ gehen von den gleichen grundlegenden pädagogischen und künstlerischen Zielsetzungen aus. Es ist deshalb zu hoffen, dass die Reihe auch das Gespräch über den instrumentalen Anfangsunterricht zwischen Lehrerinnen und Lehrern, die *verschiedene* Instrumente unterrichten, anregen und ihre Zusammenarbeit unterstützen wird.

„Musik und Tanz für Kinder – Wir lernen ein Instrument“ ist von einem Team von Lehrerinnen und Lehrern erarbeitet worden, die ihre Erfahrungen sowohl im Instrumentalunterricht als auch in der Früherziehung und Grundausbildung erworben haben.

Die Herausgeber

Inhalt

TEIL I: GRUNDLEGUNG

Teil II: Unterrichtsanregungen

Zu Flötenheft 1

Zu Flötenheft 2

TEIL I: GRUNDLEGUNG

1. Zur Einführung

1.1 Adressaten

Die Reihe „Musik und Tanz für Kinder – Wir lernen ein Instrument" bietet Handreichungen für den Unterricht verschiedener Instrumente.

Querflöte spielen und lernen ist für den Anfangsunterricht mit Kindern im Alter von sieben bis zwölf Jahren konzipiert und soll – in etwa – die ersten beiden Unterrichtsjahre begleiten.

Das Unterrichtswerk richtet sich besonders an Kinder, die die Musikalische Früherziehung oder Grundausbildung* besucht haben. Aber auch alle anderen Kinder können mit diesem Material arbeiten und sich in den weiten Bereich des Spielens und Erlernens der Querflöte einfinden.

1.2 Zielsetzung und Bestandteile des Unterrichtswerks

Querflöte spielen und lernen bietet eine strukturierte Sammlung erprobter Arbeitsvorschläge, die spieltechnische und musikalische Aufgabenstellungen mit kommunikativen Zielsetzungen verbindet. Das Unterrichtskonzept ist im Gruppen- und Einzelunterricht einsetzbar.

Kaum eine Lehrerin** unterrichtet heute noch mit einer einzigen „Schule"; zumeist werden verschiedene Materialien und Konzepte miteinander verbunden. Das vorliegende Unterrichtswerk bildet eine Basis und kann durch andere Materialien ergänzt werden.

Das Lehrwerk möchte – über alle grundsätzlichen Funktionen des instrumentalen Lernens hinaus – besondere Zielsetzungen einbringen:

- die Herleitung instrumentaler und musikalischer Lerninhalte aus kindgemäßen Tätigkeiten und Vorstellungen;
- die anhaltende Animation der Kinder zum eigenen Erfinden von Klängen, Tönen, Musik – im spontanen Improvisieren, im aufmerksamen Gestalten und sogar im Komponieren;
- eine Verbindung des Instrumentalspiels mit Singen, Sprechen, Hören und Bewegung, wodurch die Musik dem ganzen Menschen erschlossen wird;
- den verständigen und eigenständig gestaltenden Umgang mit verschiedenen Formen der Notation;
- das Zusammenspiel mit anderen Instrumenten (von den Kindern selbst oder von anderen Instrumentalisten gespielt);
- die Erfahrung von Musiklernen und Musizieren in einem Prozess des „Miteinander".

Die vorliegenden Materialien regen jedes Kind an, instrumentale Möglichkeiten zu erkunden und mit dem Instrument den *Spielraum Musik* zu erforschen. Darin weicht dieses Unterrichtskonzept von den meisten bekannten „Instrumentalschulen" ab: Es schreibt nicht Schritt für Schritt vor, wann das Kind welche Griffe, Töne oder rhythmische Phänomene lernen soll. Ebenso findet sich z.B. kein isolierter Rhythmus- und Notenlehrgang. Wohl aber gibt es viele entsprechende Spiele und Übungen, die sich an die Fähigkeiten der Kinder anpassen und ihrem Lerntempo entsprechend differenzieren lassen. Zugleich geben die Materialien auch den unterschiedlichen Interessen und methodischen Vorlieben der Lehrerin einen beträchtlichen Raum.

---

* Beide Lernangebote sind in den Strukturplänen der meisten Musikschulen – wenn auch teilweise unter verschiedenen Bezeichnungen – als Unterrichtsangebote auf der „Grundstufe" enthalten.

** Der sich in der Gesellschaft entwickelnde Sprachgebrauch lässt geschlechtsneutrale *und* sprachlich befriedigende Bezeichnungen für die Rolle der Lehrerin/des Lehrers und ihrer/seiner Aufgaben nicht zu. So haben sich Herausgeber und Autorinnen dieses Werkes entschlossen, durchgängig (mit wenigen begründeten Ausnahmen) von der „Lehrerin" zu sprechen, womit dem Umstand, dass gerade im instrumentalen Anfangsunterricht viele Lehrerinnen unterrichten, entsprochen wird.

Querflöte spielen und lernen ist dreiteilig:

- Das *Handbuch für den Unterricht* (= Handbuch) gibt der Lehrerin neben einer Einführung in Grundfragen des Instrumentalunterrichts ausführliche und anschauliche Erläuterungen und Anregungen für die konkrete Unterrichtsplanung und den Umgang mit den *Flötenheften*. Viele Beschreibungen sind so geartet, dass sich für die Leserin und den Leser wie von selbst ein „Bild" von der realen Unterrichtssituation ergibt, was die Umsetzung der Impulse wesentlich erleichert. Das Handbuch stellt darüber hinaus weitere Texte, Spiele, Arbeitsblätter u.ä. zur Verfügung. Alle Anregungen des Handbuchs sind auch als *Modelle* zu verstehen, zu denen neue Variationen gestaltet werden können.
- Die *Flötenhefte* – die Kindermaterialien – geben Impulse, die von den Kindern phantasievoll ausgedeutet und im Instrumentalspiel ausgeführt werden können. Sie spiegeln wesentliche Inhalte wieder, die im Handbuch in ihren praktischen Möglichkeiten entfaltet und ausführlich beschrieben werden.
  Die *Flötenhefte* sollen den Kindern treue und zuverlässige Begleiter auf ihrem Lernweg sein. Sie finden darin vieles aus dem Unterricht wieder und können nachsehen, wenn sie etwas nicht mehr wissen. Sie können darin auch ihre eigenen musikalischen Ideen abbilden, sei es in grafischer oder traditioneller Notation, denn die *Flötenhefte* sind *Aktivhefte*: Jedes Kind kann hineinschreiben und -malen und an die dafür vorgesehenen Randleisten eigene Arbeitsergebnisse und Bilder kleben. So werden die Hefte innerhalb kurzer Zeit zu *persönlichen Sammelmappen*, zu Arbeits- und Erlebnisheften, die bei jedem Kind ein eigenes Erscheinungsbild annehmen und die Annäherung jedes Kindes an sein Instrument dokumentieren. Nicht zuletzt dienen die *Flötenhefte* als Brücke zum Elternhaus.
- Zur Werkreihe „Musik und Tanz für Kinder – Wir lernen ein Instrument" wurde eine ausführliche *Elterninformation* erstellt. Instrumentübergreifend macht sie wesentliche Begründungen für Instrumentalunterricht nachlesbar und erleichtert die Kommunikation der Lehrerin mit den Eltern. Diese Broschüre liegt dem *Flötenheft 1* bei.

1.3 Arbeitsfeld Musikschule: Das Zusammenwirken von Grundstufe und Instrumentalunterricht

Grundstufenunterricht (Musikalische Früherziehung, Musikalische Grundausbildung) und Instrumentalunterricht sind in Konzept und Praxis aufeinander angewiesen. Ihre wechselseitige Bezugnahme trägt zur Orientierung und zur Motivation der Kinder wesentlich bei.

Musikalische Früherziehung und Musikalische Grundausbildung sollen einen später eventuell folgenden Instrumentalunterricht von Beginn an berücksichtigen und die bei den Kindern angeregten Neigungen und Fähigkeiten auch aus der Sicht der Erfordernisse dieses späteren Unterrichts reflektieren und ausbilden.

Im *Instrumentalunterricht* soll die Arbeit auf der „Grundstufe" bekannt und anerkannt sein. Die von den Kindern bereits erworbenen Fähigkeiten werden hier aufgegriffen und im instrumentalen Lernen und Gestalten weiter ausgebildet.

Die *praktische Kooperation* von Instrumentalunterricht und Grundstufenunterricht kann vor allem umfassen:

- Vorspiele von Instrumentalschülern und -schülerinnen und ihren Lehrerinnen in Gruppen der Musikalischen Früherziehung bzw. Grundausbildung;
- das musikalische Zusammenspiel von Kindern und Lehrerinnen aus Instrumentalunterricht und Grundstufenunterricht*;
- Kinderkonzerte, in denen z.B. über Instrumente informiert und zum Instrumentalspiel angeregt wird;

---

* Vgl. dazu exemplarisch die Anregungen im Unterrichtswerk „Musik und Tanz für Kinder – Musikalische Grundausbildung", Mainz 1990, insbesondere Lehrerkommentar S. 146f., S. 194ff., S. 367ff. („Brücken bauen – der Posaune und anderen Instrumenten ...")

- regelmäßige Gespräche und Arbeitstreffen zwischen den Lehrerinnen beider Arbeitsbereiche.
- An manchen Musikschulen bietet der Instrumentalunterricht Kindern aus der Grundstufe die Möglichkeit, im praktischen Umgang mit weiterführenden Instrumenten den eigenen Neigungen auf die Spur zu kommen.

Der Instrumentalunterricht sollte das Angebot an Themen und Lernsituationen, das ein modernes Konzept der Musikalischen Früherziehung und Grundausbildung bereitstellt, in einem den neuen Zielsetzungen entsprechenden Aufbau stimmig fortführen. Nur so werden Kinder im Instrumentalunterricht das Gefühl von Kontinuität empfinden und zugleich den Reiz des Neuen erfahren können.

Der konzeptuelle Zusammenhang des Instrumentalunterrichts mit dem Grundstufenunterricht soll mit der Werkreihe „Musik und Tanz für Kinder – Wir lernen ein Instrument" erklärtermaßen unterstützt werden.

1.4 Die Kinder beim Eintritt in den Instrumentalunterricht

Für Kinder ist manches zu Beginn des Instrumentalunterrichts neu: Statt der Großgruppe gibt es nun Kleingruppen oder Einzelunterricht. Meistens wechselt die Lehrerin. Auch der Unterrichtsraum ist ein anderer und vor allem gilt es, sich auf ein Instrument zu konzentrieren. Vieles wird für die Kinder anregend und faszinierend sein, anderes kann auch befremdend, eventuell beängstigend wirken.

Das Erlebnis eines Bruches, einer spürbaren Kluft, muss es beim Übertritt in den Instrumentalunterricht für kein Kind geben – wenn dieser Unterricht sich bewusst der Aufgabe stellt, dem Kind eine Brücke zu bauen, auf der es seine Vorerfahrungen in das „Neuland Instrumentalunterricht" mitnehmen kann.

Die Schlüsselfrage lautet: „Was haben die Kinder in der Musikalischen Früherziehung oder Musikalischen Grundausbildung gelernt?" – Natürlich hängt die Beantwortung insbesondere auch von der Art des Unterrichtskonzeptes ab, das dem Instrumentalunterricht vorausging**.

Keinesfalls sollte man von den Kindern zu Beginn des Instrumentalunterrichts einen Fixkatalog abrufbarer Kenntnisse auf den Gebieten Rhythmus, Melodie oder Notation erwarten: Nicht jedes Kind wird solche Vorkenntnisse, auch wenn sie für alle Kinder im Unterricht der Grundstufe angebahnt wurden, in gleicher Weise verfügbar haben. Eher als mit bestimmten Detailkenntnissen darf man damit rechnen, dass die Kinder nach der Musikalischen Früherziehung bzw. Grundausbildung mit *kennzeichnenden produktiven Einstellungen und Neigungen, aber auch Fähigkeiten* in den Instrumentalunterricht kommen.

Es gilt, diese zu kennen und auf sie aufzubauen:
- Nach Musikalischer Früherziehung oder Musikalischer Grundausbildung wollen die meisten Kinder gerne allein und mit anderen Menschen Musik machen: singend, musizierend, tanzend. Der Wunsch, sich musikalisch auszudrücken, ist bei ihnen wach geworden. Sie sind bereit, sich anderen Menschen auf Instrumenten ebenso wie mit der Stimme und dem Körper musikalisch mitzuteilen.
- Die Kinder sind offen dafür, auf Rhythmen und Tonfolgen zu lauschen, von Musik etwas mitgeteilt zu bekommen, sie zu er-hören.
- Sie können ein Metrum fühlen und halten, Rhythmen und Tonhöhenverläufe aufnehmen, wiedergeben und erfinden; auch in den Bereichen Lautstärke, Klangfarbe, Artikulation und Form haben die Kinder zu differenzieren gelernt.

** Der folgenden Beschreibung von Fähigkeiten liegt die Vorstellung von einer ebenso kind- wie kunstzentrierten Konzeption des Grundstufenunterrichts zugrunde, wie sie von den beiden Unterrichtswerken „Musik und Tanz für Kinder – Musikalische Früherziehung / Musikalische Grundausbildung" (Schott Musik International, Mainz) intendiert ist.

- Die Kinder akzeptieren Musik als ein „Spiel" mit wechselnden Spielregeln: Vor- und Nachmachen, Fragen und Antworten, Spiele mit Rhythmen und Melodien, Spiele in Tonräumen ... Gerne werden die Kinder neue musikalische Kommunikationsspiele lernen oder selbst entwickeln.
- Neben dem musikalischen „Spiel" haben die Kinder aber auch den Sinn musikalischer „Übung" erlebt und zu verstehen gelernt: dass es in der Musik auch ein Richtig und Falsch, ein Besser und Schlechter geben kann; dass Üben dem anspruchsvollen Gestalten vorausgeht; dass man sich einem Spielplan unterwirft.
- Notationszeichen sind den Kindern in ihrer Funktion vertraut; sie fühlen sich zum Notenlesen aufgefordert. Die Kinder haben gelernt, Notationen im zeitlichen Ablauf (Leserichtung) zu verstehen. Oft haben sie Notationsverläufe „ganzheitlich" betrachtet (z.B. den „Bogen" eines Melodieverlaufes), aber auch die Folge einzelner Noten, sei es unter rhythmischem oder melodischem Aspekt. In der Musikalischen Grundausbildung, gelegentlich auch schon in der Musikalischen Früherziehung, haben die Kinder bereits selbst Noten geschrieben.
- Die Kinder wurden in der Grundstufe über instrumentale Lernmöglichkeiten informiert. Nun ist bei vielen Kindern der Wunsch wach geworden, ein Instrument zu erlernen.

Auch wenn bei Kindern entsprechende Voraussetzungen fehlen, bleibt das breite Zielspektrum eines instrumentalen Lernens, wie es dieses Unterrichtswerk entfaltet, weiterhin gültig. Das eingeschränkte Bild, das unvorbereitete Eltern und Kinder oft von Instrumentalunterricht haben, muss behutsam, aber nachdrücklich korrigiert und erweitert werden.

2. Grundlegende Aspekte des Instrumentalunterrichts

2.1 Zum Selbstbild des Instrumentalunterrichts

Der Wunsch, ein (bestimmtes) Instrument zu erlernen, ist bei den Kindern in der Regel noch nicht wirklich fundiert. Er wurde angeregt z.B. durch das Vorbild einer Lehrerin, durch Freunde oder Eltern. Vielleicht waren es der faszinierende Klang oder auch das Aussehen eines Instruments, die im Kind das Bedürfnis nach einer intensiveren Beschäftigung geweckt haben. Doch meist bestehen eher vage Vorstellungen davon, was es tatsächlich bedeutet, dieses Instrument zu erlernen und sich regelmäßig damit auseinander zu setzen. Auch die Möglichkeiten, die sich mit dem Instrument in Zukunft ergeben können, sind dem Kind weitgehend unbekannt. Aus dieser Situation erwachsen Chancen und Verantwortung.

In jedem Fall trifft die Lehrerin zu Beginn des Instrumentalunterrichts auf ein Kind, das sich in seiner gesamten Einstellung zum Instrument fundamental von ihr selbst unterscheidet: Sie hat viele Jahre – oft Jahrzehnte – an sich gearbeitet, bis ihr das Lernen und Üben des Instruments zu etwas Selbstverständlichem geworden ist. Es bedarf viel Einfühlungsvermögen auf ihrer Seite, um das ganz andere Verhältnis eines Kindes zum Instrument zu begreifen und geduldig in Richtung einer fundierten musikalischen Praxis auszubauen.

Doch welche Praxis ist gemeint? – Ihre eigene Vorstellung von Instrumentalunterricht und von der Anwendung des Instruments sollte die Lehrerin stets aufs Neue selbstkritisch betrachten:

- Der klassische Instrumentalvirtuose bzw. die Virtuosin ist als Berufsbild nur ein „Farbklecks“ inmitten einer breiten Skala von laienorientierten Musikaktivitäten bis hin zu professionellen Musikberufen. Das musikalische Angebot ist heute vielschichtig und differenziert; unser kulturelles Leben erlaubt verschiedenste Formen der musikalischen Rezeption und Produktion.
- Die Entwicklung der zeitgenössischen Musik verweist in ihren Anforderungen schon seit Jahrzehnten auf ein verändertes Künstlerbild: Neben der Beherrschung des Instruments werden Kreativität und Kommunikationsfähigkeit – musikalisch und verbal, aber auch im Hinblick auf die Zusammenarbeit z.B. mit Sängern, Tänzern und Darstellern – immer wichtiger.
- Eine Vielfalt von Musikstilen tritt an das Kind heran und prägt schon bald seine ästhetischen Vorstellungen und Wünsche – auch in Bezug auf das eigene Instrumentalspiel.
- Die Musikschule wird heute von vielen Eltern auch als Ort sinnvoller Freizeitbeschäftigung für ihre Kinder und als eine anregende und aktive Alternative zum passiven Medienkonsum angesehen.

Schon diese knapp skizzierten Befunde erlauben wichtige *Folgerungen*:

- Der Instrumentalunterricht sollte seine Impulse sowohl auf den späteren musizierenden Laien und Musikrezipienten wie auf spätere mögliche musikalische Berufe ausrichten: Ohne ungeduldiges Schielen auf instrumentale Höchstleistungen (in einer vom Kind noch auf Jahre hinaus nicht erfassbaren Zukunft) sollte einem *komplex* verstandenen Zugang zur Musik behutsam der Grund gelegt werden. Das Hören, das Musik-Verstehen und die Anwendung von Musik im persönlichen sozialen Raum der Kinder sind als wesentliche Inhalte einzubeziehen.
- Der Instrumentalunterricht sollte alle Möglichkeiten zur Förderung von produktiven (Improvisation, Komposition) und kreativ-reproduktiven Verhaltensweisen (Interpretation) ausschöpfen: Das Erleben von Musik als einer Sprache, in der man eigenen Gefühlen, Bildern oder Gedanken spezifischen Ausdruck geben kann, erfordert es, den Instrumentalunterricht von Beginn an als einen *Aktivitäts- und Kreationsraum* aufzufassen, in dem das Kind sich mit dem Instrument auf eine ihm eigene Art und Weise ausdrücken darf. Nachgestalten und Neugestalten sollten gleichwertig sein.

- Den variablen Hörgewohnheiten und musikalischen Interessen der Kinder unserer Zeit entsprechend, sollte das musikalische Repertoire stilistisch offen angelegt sein: Neben der „klassischen Literatur" sollten möglichst auch die Folklore anderer Länder (Kontinente), Modelle Neuer Musik und Typen und „Feelings" der Popularmusik, des Jazz usw. im Instrumentalunterricht Platz haben, ohne dass jede Lehrerin in allen Stilbereichen gleichermaßen „zu Hause" sein müsste.

Ein musikalisch und künstlerisch breit orientierender Instrumentalunterricht gibt jedem Kind die Chance, seine besonderen Fähigkeiten zu entdecken und zu entwickeln. Das bedeutet immer auch: Aufzeigen von Spielraum, von Möglichkeiten. Mit jedem gelingenden Schritt in diese Richtung wird die persönliche Kompetenz der Kinder erweitert sowie ihr Selbstvertrauen gestärkt – und Erfolgserlebnisse bilden bekanntlich die beste Basis für überdauernde Motivation*.

2.2 Kindzentriertes Lernen

Kindzentriertes Lernen drückt aus, dass das Kind selbst auf den Unterricht, auf Inhalte und Formen des Musizierens, einen entscheidenden Einfluss nehmen kann – sei es durch die Intervention der Lehrerin oder die aktive Rolle des Kindes selbst. Lernen als eine Wechselwirkung zwischen dem Lernenden und seiner Umwelt wird im kindzentrierten Unterricht konkret.

Kindzentrierter Unterricht bedeutet keinen Kontrollverlust für die Lehrerin: Deren Aufgabe besteht zunächst darin, den „Eintritt des Kindes in die Musik" überhaupt erst möglich zu machen. Oft wird sie Impulse, die das Kind aus seiner Alltags- und Erfahrungswelt einbringt, aufgreifen, auf das Musizieren hinlenken und gegebenenfalls so verwandeln, dass sie zu sinnvollen musikalischen Erfahrungen führen. Sodann wird sie das Kind anhalten, die Ausführung seiner Intentionen selbst zu beobachten und zu überprüfen. Kindzentierter Unterricht bedeutet, den Kindern Verantwortung zu übertragen, der sie genügen können.

Methodische Stichworte

(1) Kind und Lehrerin
Die Lehrerin führt den Unterricht. Sie lenkt ihn in sinnvolle Richtungen. Neben spieltechnischen Hilfestellungen gibt sie den Kindern vielfältige Anregungen. In dem Spielraum, der sich hierbei ergeben kann, haben die *Kinder* die Hauptrollen:
- Wie versteht ein *Kind* den Titel eines Stückes, eines Gestaltungsimpulses? Von diesem Verständnis wird ausgegangen (vgl. z.B. S. 153).

---

* Der Instrumentalunterricht strebt heute in Ausbildung und Praxis durchaus auf ein instrumentales Curriculum zu, das die Optimierung von Spieltechnik und reproduktive Befähigung nicht mehr als isoliertes Ziel sieht, sondern versucht, es mit musikalischen Entwicklungszielen und dem Bezug auf allgemeine Motivationen zu verbinden. Die Entwicklung scheint sich allerdings nicht einheitlich zu vollziehen: Mancher Instrumentalunterricht setzt nach wie vor auf „Stück(chen) um Stück(chen)" und ermüdet damit gerade Kinder, die sich noch in keinster Weise für eine professionelle Ausbildung entschieden haben und sich auch später wahrscheinlich nicht dazu entscheiden werden. Wir sind weiter gekommen, als es das 19. Jahrhundert selbstkritisch brandmarkte. Und doch macht die Lektüre des Textes aus der *Elterninformation* (vgl. dort S. 12) nachdenklich, dessen gleichfalls aufschlussreiche Fortsetzung hier mitgeteilt sei:

> *Das schlimmste Beispiel geben in dieser Beziehung leider viele unserer grossen Virtuosen, welche ihren Schülern planlos ein Concertstück um das andere einpauken; damit wird dem Publikum zu Gunsten des Lehrers Sand in die Augen gestreut, aber statt lebenskräftiger Kunstjünger eine Automatenschaar herangezogen, welche im besten Fall ihren Meister nur zu carrikiren vermag. – Wir wollen nicht detailliren, auf wie mannigfache Weise die Musik entweiht und misshandelt werden mag; mit den Eltern zu rechten, ist nicht unser Zweck; sie könnten nicht alle die gehörige Einsicht in die Sache haben. Wohl aber dürften wir mit Recht einem Theile der Musiklehrer Vorwürfe machen. Von ihnen kann man fordern, dass sie wissen, worauf es ankommt, dass sie von der Bedeutung der Kunst, die sie zu lehren sich berufen fühlen, durchdrungen sind, und dass sie sich vorgesetzt haben, durch ihren Unterricht einen bestimmten, und zwar den einzig wahren Zweck zu erreichen.*

(aus der Einleitung zu S. Lebert/L. Stark: „Grosse theoretisch-praktische Klavierschule für den systematischen Unterricht", Stuttgart/Berlin 1883[12], Erstausgabe 1855/56)

- Hat ein Stück keine Überschrift – als was fasst das *Kind* das Stück auf, als ein „Blumenlied", als ein „Fingerkunststückspiel"?
- Wie soll eine arpeggierte Begleitung in der Vorstellung des *Kindes* klingen – „wie eine Tönekette", „wie Wellen im Meer"?

Die Beispiele ließen sich beliebig vermehren. Wesentlich ist: dass wir im Unterricht dem Kind die Musik *nahe bringen* – im eigenen Denken ihres Gehalts, im eigenen Interpretieren ihrer Gestalt, im eigenen Erahnen ihrer Botschaft.

(2) Abwechslung durch Eingehen auf spontane Einfälle
Die Konzentration gerade des jüngeren Schulkindes tritt oft stark und unvermutet auf – irgendetwas hat sein besonderes Interesse erregt. Es ist wichtig, dem nachzugehen, denn das Kind ist mit seiner Konzentration wesentlich stärker von seinen inneren Antrieben abhängig als der Erwachsene, der sich über weite Strecken auch aufgrund äußerer Zielsetzungen zu motivieren vermag. Das Interesse des Kindes kann unterrichtsbezogen sein, sich aber auch auf unterrichtsferne Aspekte richten, z.B.: „Die Wespe im Zimmer!" Auch derartiges muss Aufmerksamkeit erhalten. Erst wenn eine solche Besonderheit mitgeteilt ist, findet im Denken und Tun des Kindes wieder anderes Platz.

(3) Überschaubarkeit der Aktivitäten, Impulse und Aufgabenstellungen
Stücke, Spielabläufe und Zielsetzungen müssen dem Kind – in seiner Vorstellung und seiner Sprache – verständlich werden. Insbesondere Erwartungen sollten so mitgeteilt werden, dass das Kind sie als konkrete Verhaltensimpulse verstehen kann.

(4) Erreichbarkeit der Zielsetzungen
Inhalte und Ziele müssen für das Kind in der Regel erreichbar sein. Es kommt allerdings auch vor, dass ein Kind sich ein Ziel setzt, das fast noch außerhalb seiner technischen Möglichkeiten liegt, z.B. eine „rasend schnell und punktiert gespielte Tonleiter" oder das Stück einer Freundin ... Ein solcher Wunsch, vom Kind selbst eingebracht, kann zwar keine „Berge versetzen" – aber in der Folge sind oft unerwartete Höhenflüge des Könnens eines Kindes zu beobachten.

(5) Musik des Kindes
Neben „Literaturspiel" bekommt im Unterricht die Musik des Kindes mit den Aktivitäten Improvisieren und Komponieren Bedeutung. Zumindest gelegentlich sollte es auch kleine Stücke geben, die die Lehrerin *für das Kind* komponiert hat (vgl. S. 27).

(6) Musizieren und soziale Welt des Kindes
Instrumentalunterricht und instrumentales Lernen sollten Bezug zum familiären und schulischen Leben des Kindes finden (vgl. S. 36f.). Ein „Stück für Mama" kann in jedem Unterrichtsjahr selbst komponiert werden. Dass Kinder in der Schule manchmal – z.B. beim Singen der Klasse – auf ihrem Instrument mitspielen, sollte eine Selbstverständlichkeit sein.

(7) Wiederkehr und Ritual
„Überschaubarkeit" bedeutet auch, dass der Offenheit in der Entwicklung von Unterrichtssituationen ein Prinzip zugrunde gelegt wird, das dem Kind Sicherheit gibt, z.B.: Improvisation und Komposition kommen im Unterricht regelmäßig vor; ein typischer Unterrichtsaufbau wird gewählt (vielleicht wird eine Zeit lang zu Beginn jeder Stunde gesungen); die in Stücken vorkommenden Rhythmen werden jedes Mal auf einer Trommel gespielt.

(8) Flexibilität in der Unterrichtsgestaltung
Bilden die Kinder den Mittelpunkt des Unterrichts, schließt das andererseits jedes routinierte Vorgehen nach einer „einmal erprobten Methode" aus. Denn die inhaltlichen Schwerpunkte und das Tempo der thematischen Entwicklung orientieren sich an den physiologischen und psychologischen Besonderheiten der Kinder, an ihren Begabungen, ihren Fähigkeiten, ihren Temperamenten und Interessen.

Kindzentrierter Unterricht lässt sich im Idealfall als eine ausgewogene Interaktion zwischen Kind und Lehrerin beobachten, als ein spielendes Miteinander, welches den Unterricht für beide – Kind und Lehrerin – zu einem spannenden Erlebnis macht.

2.3 Die Bedeutung des Spiels

Die Zahl theoretischer Erörterungen zum Thema „Spiel“ ist nahezu unüberschaubar geworden. Dies verweist nicht nur auf die anthropologische Bedeutung des Spielens als solche, sondern auch darauf, dass gerade unsere Zeit diese Bedeutung erkennt und hervorhebt.

Spielen, und eben auch Querflöte *spielen*, bietet für das Lernen der Kinder wesentliche Vorteile: Kinder können sich beim Spiel besonders lange auf eine Tätigkeit konzentrieren – länger, als wenn dieselbe Tätigkeit nicht mit einem Spiel verknüpft wäre. Das Spiel ist sehr häufig mit Wiederholung verbunden – wie von selbst resultiert aus dem Spiel ein Übungs- und Wiederholungseffekt („spielend lernen“).

Die Spielforschung hat verschiedene Spieltypen beschrieben. Es ist sinnvoll, sie zu unterscheiden, weil verschiedene Strebungen des kindlichen Lernens dabei sichtbar werden, denen man auch im Unterricht entsprechen kann.

- *Bewegungs- und Geschicklichkeitsspiele:* Jedes Kind erfindet sie gerne selbst. Solche Spiele entwickeln und differenzieren körperliche und geistige Funktionen. Auch der Wunsch nach sozialer Kontaktnahme mit anderen Kindern und der Wettbewerb stehen oft im Mittelpunkt.
  Das spielerische Einbeziehen von Bewegung in den Instrumentalunterricht kann ein breites Spektrum erwünschter Fähigkeiten vorbereitend erschließen (so z.B. das Verständnis musikalischer Gestalten und Prinzipien wie Metrum, Rhythmen, Formen) und technisch-musikalische Abläufe fördern (z.B. im Bereich der musikalischen Artikulation).
- *Funktionsspiele:* Kinder haben oft große Freude am Funktionieren, Vervollkommnen und auch Bewusstwerden (kontrollierten Beherrschen) körperlicher und geistiger Abläufe.
  Für den Instrumentalunterricht bedeutet dies, Möglichkeiten aufzuspüren, um erwünschte Lernvorgänge, insbesondere auch technisch-musikalischer Art, in *Spiel*situationen zu verwandeln, die die Kinder zu fesseln vermögen (vgl. exemplarisch dazu das 8. Thema „Spielplatz“, S. 140ff.).
- *Rollen- und Symbolspiele:* Hierbei wird Menschen, Dingen, imaginären Figuren usw. eine andere als die alltägliche Bedeutung zugeteilt. Die Vertiefung in Rollen und Symbole kann Kinder zu langen Spielphasen bewegen.
  Auch im Instrumentalunterricht sind Rollen- und Symbolspiele von Bedeutung: „Der sicher und überzeugend spielende Flötist“ ist eine Rolle, die wir Kindern gerne anbieten wollen. Andere Musikrollen für sie sind „Dirigent/in“, „Instrumentallehrer/in“, „Komponist/in“ usw. Man kann jedoch auch auf den Flötenklappen Tiere spazieren gehen lassen, mit Tönen Menschenschritte darstellen und Klänge zu „Wellen, auf denen ein Schiff schaukelt“ werden lassen.
- *Regelspiele:* Regelsysteme schaffen dem Verhalten einen sicheren Rahmen. Gerade auf diese Weise können sie auch das Erfinden neuer Spielstrategien herausfordern.
  Der Instrumentalunterricht kann Regelspiele und regelspielartige Rituale vielfach nutzen. So wird der Umgang mit Tönen und spieltechnischen Abläufen oft auch als ein Regelspiel gedacht.
- *Wett- und Ratespiele:* Hier geht es nicht nur um Wettbewerb, sondern auch um Kooperation und Fairness, nicht zuletzt um die Fähigkeit, verlieren (und siegen) zu können.

Die Kinder selbst streben nach solchen Formen, wobei sie ihre konkreten Spiele oft den Angeboten der sie umgebenden Umwelt entsprechend ausformen.

Methodische Stichworte

(1) Spielen – spielerisches Üben

Die Lehrerin sollte zwischen dem Spielen (als der vom Kind motivierten Tätigkeit), der spielerischen Übung (als der pädagogisch gerichteten Nutzanwendung des Spiels) und dem Üben (als einer nach Vervollkommnung bewusst strebenden Tätigkeit) zu unterscheiden versuchen. Dies wird helfen, den Reiz des Flöte-*Spielens* zu erkennen, nicht zu missbrauchen und damit auf Dauer dem Unterricht zu erhalten.

Die Motivation für das Kind zu spielen ist der Spielvorgang selbst. Zusätzliche Zwecke (mit dem Spiel etwas Bestimmtes erreichen wollen ...) können zum Spiel des Schulkindes hinzutreten; sie stehen aber nicht im Mittelpunkt, wenn die Aktivität als Spiel – und nicht als Übung – erlebt werden soll.

Häufig benutzen wir die natürliche kindliche Veranlagung des „Spieltriebes“ für Zielsetzungen, die *wir* als wichtig ansehen. Überspitzt gesagt: „Wir lassen spielen“, weil es in unsere pädagogischen Intentionen passt – und oft auch nur, *solange* es zu diesen Intentionen passt. Die Dauer der Faszination im Spiel liegt aber ganz bei den Spielenden und richtet sich nicht nach der – von außen gestellten – pädagogischen Zielsetzung. So ist zu fragen:

- Wie sensibel sind wir, wenn wir eine Spielsituation abbrechen, etwa deshalb, weil das von uns gesteckte Ziel erreicht wurde?
- Und was geschieht, wenn z.B. ein mit dem Spiel berührtes spieltechnisches Problem noch nicht gelöst ist, die Spiellust aber abflaut?

Das „Spiel“ entzieht sich in seinem Wesentlichen unserer Kontrolle. „Spielen“ kann man nicht befehlen.

- Lassen wir also ein begonnenes Spiel bei den Kindern innerlich zu Ende kommen.
- Und wenn ein Spiel „erlahmt“, ohne dass es seine pädagogischen Zwecke erreicht hat, sollte man so ehrlich sein, die Situation des *Spielens* klar zu beenden und von der Notwendigkeit der weiteren *Übung* zu sprechen. (Vielleicht gelingt es sogar, für die neu definierte Situation ein neues *Spiel* zu erfinden?)

(2) Spielraum Musik

Das Spiel mit Tönen, mit Tonhöhen, Rhythmen, Zusammenklängen und Klangfarben ist ein Spielraum eigener Art. Musik sollte im Instrumentalunterricht den Kindern in diesem Sinne ein persönlicher Spielraum sein dürfen. Der „Spielraum Musik“

- konstituiert sich z.B. mit Intervallspielen, Dynamikspielen, Klangspielen usw.
- kann konstruktiv-logisch erschlossen, in der Improvisation tastend erfahren, in der Komposition modellhaft fixiert und beschrieben werden;
- kann hörend beobachtet und „ausgemessen“ werden („Hör-Spiele“).

Die improvisatorisch oder kompositorisch hervorgebrachten Ergebnisse des Spielens von Kindern im „Spielraum Musik“ dürfen dabei natürlich nicht an den „Spielen“ gemessen werden, die uns die Meister der Musik mit ihren Stücken überliefert haben. Beides muss im Unterricht seinen Platz, seine Anerkennung haben!

(3) „Spielplatz Instrument“

Mundstück, Klappen, Saiten, Bogen, Tasten, Felle usw. – wir können mit den Kindern schnell zur Übereinkunft kommen, unsere Instrumente auch als „Spielplätze“ besonderer Art zu verstehen. Finger, Hände, Arme, Lippen, Mund, Atem usw. können darauf ein Spiel beginnen, das von Regeln, technischen Absichten oder musikalischen Vorstellungen angestoßen und geleitet wird: 1–2–3–4 ... Töne / hinauf und hinunter / zur „Mitte“ der Skala verfügbarer Töne und nach außen zu ihren Rändern / die Musik des „tanzenden Schmetterlings“, die in freien Arabesken spielt ...

(4) Der Lehrerin, dem Lehrer – zur Ermutigung!

Haben Sie Mut, sich selbst auf kreative Prozesse wie Spielen, Improvisieren, Gestalten einzulassen und im Spiel zur Mitspielerin bzw. zum Mitspieler der Kinder zu werden.

Versuchen Sie, ein Klima des Vertrauens, der Offenheit und Ehrlichkeit zu schaffen, Mut zuzusprechen und vorzuzeigen und Hemmungen der Kinder nicht zuletzt durch eigenes Vorbild abzubauen.

Versuchen Sie, die Möglichkeiten und Bedürfnisse der Kinder wahrzunehmen und bei der Integration jedes Einzelnen behilflich zu sein. Dazu gehört es insbesondere auch, die Konkurrenzhaltung zwischen Kindern abzubauen.

(5) „Spiel“ im Einzelunterricht

Noch mehr als im Gruppenunterricht ist hier die Lehrerin als Mitspielerin gefordert. Während es ihr die Dynamik der Gruppe erlaubt, sich zeitweise auf die Rolle der Beobachtung und Moderation des Spiels zurückzuziehen, ist sie im Einzelunterricht die entscheidende Spielpartnerin und vertritt zusätzlich die reflektierende Rolle. Gerade im Einzelunterricht ist nicht nur die allgemeine instrumentaldidaktische Kompetenz der Lehrerin, sondern auch ihre Spielbereitschaft und -lust nötig.

2.4 Musikübergreifende Prozesse im Instrumentalunterricht

Der Instrumentalunterricht hat unverwechselbare Möglichkeiten, Kinder in ihrer allgemeinen geistigen und sozialen Entwicklung anzusprechen sowie positive Kräfte und Werte bei ihnen wachzurufen.

Es kommt zunächst darauf an, sich Zusammenhänge und mögliche Zielsetzungen bewusst zu machen und bei der Unterrichtsgestaltung zu berücksichtigen:

- Das Hören von (komplexer) Musik gilt heute als ein geistiger Prozess, der allgemeine Fähigkeiten wie z.B. das räumliche Wahrnehmen (Vordergrund, Hintergrund), das zeitliche Korrelieren (Erinnern, Antizipieren) oder das vergleichende Erkennen (von Gleichem, Ähnlichem, Verschiedenem) in unnachahmlicher Weise anspricht und fördert. Neurophysiologische Befunde belegen, dass Musikhören und Musikmachen eine außerordentlich komplexe und intensive Gehirntätigkeit bewirken.
- Wenn wir z.B. eine Tonfolge (ein Motiv) innerhalb eines komplexen Notenbildes suchen, antizipieren wir eine Notationsgestalt, die wir innerhalb der Gesamtnotation entdecken wollen: Wir vergleichen unser inneres Bild mit dem äußeren Bild der Notation. Wir grenzen ein und scheiden Möglichkeiten aus, nach genauer Prüfung oder „blitzschnell" (wenn wir schon geübt sind). Ist es uns gelungen, das Motiv zu finden, haben wir sowohl unsere sinnliche Wahrnehmungsfähigkeit wie auch unsere Kraft zu geistiger Strukturierung beansprucht – und geübt.
- Wenn wir mit anderen Menschen musizieren, verbinden sich Prozesse musikalischen Erkennens mit mannigfaltigen sozial-kommunikativen Leistungen: Wir schließen uns z.B. dem unsere gemeinsame Musik koordinierenden Takt an und antworten empathisch (die Regungen des anderen aufnehmend) auf ein vorgespieltes musikalisches Motiv. Wir können selbst initiativ werden – in einer impulshaften Interpretation, auf die nun die Mitspieler ihrerseits antworten. Musikalische Dialoge können beinhalten: Bestätigung, Frage und Antwort, Ergänzung, aber auch Nachsinnen und Meditieren, Erwidern und Bestreiten usw.
- Neben dem Initiativ-Sein gehören auch Abwarten, Zurücktreten und ähnliche Verhaltensweisen zur Rolle des Musizierenden.
- Eine besondere Spielart des sozial-kommunikativen Aspekts musikalischen Verhaltens ist das Leiten und Anleiten einer Gruppe Musizierender. Sie beinhaltet komplementär das Zuhorchen und Gehorchen, das Annehmen und Ausführen seitens der geführten Gruppe.
- Schließlich gehört auch das Bewerten und Beurteilen von Musik und ihrer Ausführung zu den Zielsetzungen sowie die Entwicklung selbstkritischen Zuhörens und Beobachtens zur Ausbildung musikalischer Kompetenz.

Manche der genannten Fähigkeiten liegen dem Instrumentalunterricht seit jeher zugrunde, wie etwa Reproduktion, Interpretation und einstimmende Partizipation (am musikalischen Geschehen); sie sollen durch Unterricht und in der Gestaltung der Musiziersituationen intensiv gefördert werden, können sich aber auch mit weiteren Fähigkeiten im Horizont musikalischer Aktivität verbinden.

Wenn sich Instrumentallehrer in ihrer Unterrichtsplanung und -analyse das *Spektrum* geistiger und sozialer Aktivitäten (es konnte in den Beispielen oben nur angedeutet werden), die der Unterricht anregen kann, vor Augen führen, sind entscheidende methodische und inhaltliche Schlüsse möglich: Die Kinder werden mehr und mehr als Partner gesehen und das Lernen wird jeder Mechanisierung entzogen und nach Möglichkeit in Prozesse aktiver musikalischer Partizipation verwandelt.

Ein solcher Umgangsstil mit Musik und anderen Menschen ist nicht selbstverständlich und soll mit dem vorliegenden Unterrichtswerk bewusst aufgebaut werden: Das einzelne Kind mit seinen Möglichkeiten wird herausgefordert, selbst Musik zu er-hören, dazu Beobachtungen anzustellen und anderen mitzuteilen. Unterrichtsimpulse werden so formuliert, dass das Kind sich selbst bemühen kann, dass es zu Beobachtungen motiviert wird und selbst Fragen an die Musik und andere am Unterricht Beteiligte stellt, dass es selbst Anwendungen und Lösungen findet.

Kommunikation über und in Musik in diesem Sinne kann alle Arbeitsbereiche des Instrumentalunterrichts durchdringen: auch das Erarbeiten von vorgegebener Musik, das Lernen und Üben.

Manchmal kostet dieser Unterrichtsstil mehr Zeit und man ist geneigt, dem Kind „gleich die richtige Lösung" zu geben (den richtigen „Griff" zu sagen, die richtige Dynamik und Phrasierung in die Noten zu schreiben usw.). Dass Vorab-Erläuterungen und Übungsstellungen von der Lehrerin gegeben werden, ist manchmal nötig – auf Dauer gesehen ist jedoch die Anleitung des Kindes zu musikalischer Selbstständigkeit anzustreben.

Hinweis: Auch aus der Sicht einer Legitimation von Instrumentalunterricht in der Öffentlichkeit ist es wichtig, Aspekte der allgemeinen Förderung der Kinder im Instrumentalunterricht, im Musizieren und häuslichen Üben genügend zu artikulieren. (Nicht nur mit den Unterrichtszeiten, sondern auch mit den sogenannten „Hausaufgaben" wird vom Instrumentalspiel schließlich ein großer Teil der dem Kind frei verfügbaren Zeit in Anspruch genommen.) Die Begründung des instrumentalen bzw. allgemein des musikalischen Lernens sollte über die Beschreibung spezifischer instrumentaler (musikalischer) Fähigkeiten hinausgehen.

2.5 Die Chance des Gruppenunterrichts

Einzelunterricht oder Gruppenunterricht? – Diese Frage wird kontrovers diskutiert und beeinflusste die Abfassung dieses Unterrichtswerks entscheidend.

Es gibt in jedem Instrumentalunterricht Intentionen, wo es von Vorteil ist, sich gezielt mit einem einzelnen Kind zu beschäftigen. In anderen Fällen scheint das Spielen und Musizieren in der Gruppe geeigneter. Die *Funktionen von Einzel- und Gruppenunterricht zusammen* erlauben es, den verschiedenen Zielsetzungen jeweils auf besondere Weise gerecht zu werden.

Generell lässt sich sagen, dass das Entscheidende nicht in den Äußerlichkeiten der Unterrichtsform zu finden ist. „Gruppenunterricht" ist mehr als ein zeitlich verschachtelter Einzelunterricht: Er bringt die Wahrnehmungen, Einfälle und musikalischen Handlungsmöglichkeiten mehrerer Kinder im musikalischen Miteinander ins Spiel. Andererseits lassen sich auch wertvolle Elemente eines spezifischen Gruppenunterrichts in einen Einzelunterricht einbauen. *Viele der in diesem Unterrichtskonzept auf die Kleingruppe hin geschilderten Spielformen können deshalb grundsätzlich auch im Einzelunterricht verwirklicht werden!*

Entscheidend für die erwünschte Wirkung von Unterricht ist eine sozial-integrative Lehrer(innen)persönlichkeit, die sich als Partner der Kinder bzw. des Kindes versteht und durch eigene Spielbereitschaft, die den Rollentausch ermöglicht, im Unterricht ein erlebnisorientiertes Miteinander entstehen lässt. Von diesem Rollenbild geht das vorliegende Unterrichtswerk aus.

Die Chancen des Gruppenunterrichts seien exemplarisch noch einmal vor Augen geführt:

- Vom Zuhören und Zuschauen zum Mitteilen: Gemeinsamkeiten und Unterschiede im Spiel sind zu hören und zu beobachten. Kinder gleichen oder ähnlichen Alters lernen, ihre Beobachtungen und Meinungen auszudrücken, wobei der ihnen gemeinsame, alterstypische „Code" die Kommunikation oft besonders wirksam macht.
- Mithören, Mitmachen: Ein Kind spielt die Flöte, ein anderes markiert den Takt klatschend oder auf einem Schlaginstrument. Zusätzlich ist die Lehrerin als Autorität im Spiel, deren Kompetenz die Kinder anerkennen, vor deren kritischen Augen und Ohren sie bestehen wollen.
- Gemeinsam Musizieren: Das Ensemblespiel ist von Beginn an möglich. Die Gefahr des Abgleitens des Instrumentalunterrichts in ein permanentes spieltechnisches Vorbereiten auf das „bessere Musizieren" wird verringert. Sind mehrere Kinder im Unterricht, werden Reproduktion, Improvisation und Komposition in der Regel musikalisch reichhaltiger ausfallen, als wenn ein Kind dies allein betreibt.
- Vor- und Zurücktreten: Für die Kinder können im Gruppenunterricht Phasen der Anspannung mit solchen des entspannten Zusehens und -hörens leichter abwechseln als im Einzelunterricht.
- Soziale Effekte und fachliches Lernen: Viele Kinder beobachten sich gegenseitig (kritisch) und lernen voneinander. Instrumentalunterricht wird zu einer Schule des Beobachtens und Sich-Mitteilens, des genauen und angemessenen Sagens, aber auch zum Ort, an dem gemeinsam Unternommenes gelingt.

- Dass für Kinder, die bereits die Musikalische Früherziehung oder Grundausbildung besucht haben, die „Gruppe“ als ein vertrauter Handlungs- und Erlebnisrahmen den instrumentalen Beginn erleichtert, liegt auf der Hand.

Gruppenunterricht stellt an die Lehrerin spezielle Anforderungen und erfordert besonders viel „Fingerspitzengefühl“:
- Sie muss das unterschiedliche Lerntempo der Kinder berücksichtigen, unter Umständen auch deren verschieden hohe Motivation.
- Gruppendynamische Prozesse müssen von ihr mitbedacht und gesteuert werden (auftrumpfendes Besserkönnen und Versagensängste vermeiden).
- Fähigkeiten und Schwierigkeiten Einzelner müssen so angesprochen werden, dass es weder zu positiver noch zu negativer Ausgrenzung kommt.
- Sie kann/muss Unterrichtssituationen komplexer planen.
- Mitunter muss sie mehrere gleichzeitig laufende Spiel- und Arbeitsabläufe beobachten und darauf Einfluss nehmen.

Gruppenunterricht stellt auch einen größeren organisatorischen Aufwand dar. Musikschule und Lehrerin sollten immer wieder darauf hinweisen, dass bei dieser Unterrichtsform ökonomische Gründe (kostengünstige Versorgung mehrerer Schüler gleichzeitig mit Unterricht) nicht im Vordergrund stehen können, sondern ausschließlich pädagogische Überlegungen.

Mögliche Organisationsformen des Gruppenunterrichts reichen von der Bildung von Zweiergruppen durch „Überlappung“ zweier Einzelstunden über fest eingerichtete Gruppen verschiedener Größe bis hin zu wöchentlich regelmäßigem Gruppen- und Einzelunterricht.

Gruppenunterricht kann immer nur in zeitlich begrenzter Planung konzipiert werden: Bei allzu starkem Auseinandergehen der Leistungen, bei zu großen Motivationsunterschieden oder störenden Disziplinproblemen wird man Gruppen neu ordnen müssen. Dennoch aber gilt: Gruppenunterricht kann durch die Interaktionen seiner Mitglieder so belebend und bereichernd sein, dass dies den höheren pädagogischen, methodischen und organisatorischen Aufwand mehr als rechtfertigt.

Methodische Stichworte

(1) „Wettbewerb“
Man wird bei der Gruppenbildung versuchen, Kinder mit etwa gleichem Leistungsstand, hier also Anfänger, zusammenzubringen. Dies bedingt zunächst einmal eine „Vergleichbarkeit“ der Gruppenmitglieder und es wird auch gar nicht zu vermeiden sein, dass die Kinder sich selbst vergleichen: Wer möchte nicht der Beste sein?

Die Lehrerin sollte sich aber hüten, die Situation „Wettbewerb“ für den Unterricht zu nutzen, etwa mit einem Impuls wie „Ich bin gespannt, wer von euch das am besten kann!“, denn dem kurzfristig zu entfachenden Eifer stehen längerfristig massive nachteilige Folgen gegenüber:
- Die Beziehung der Kinder zueinander wird negativ geprägt: Sie empfinden sich nicht mehr als Partner, sondern als Rivalen.
- Die anfänglich motivierende Konkurrenz wird dann uninteressant, wenn sich eine Rangordnung stabilisiert hat: Wer möchte sich noch mit jemandem messen, gegen den man sowieso keine Chance hat?
- Die Musik verliert ihre zentrale Stellung und wird Mittel zum Zweck persönlicher Profilierung.

(2) Die Individualität der Kinder als Faktor der Unterrichtsplanung
Vielleicht kann ein „langsamer“ Lerner die Musik besonders intensiv und ausdrucksvoll erleben? Vielleicht hält jemand, der schnelle Noten weniger sicher spielen kann als der andere, besonders gut Tempo und Takt?

Das unterschiedliche Lerntempo von Kindern ist zwar eine Tatsache, doch darf der Blickwinkel auf die Kinder nicht zu eng sein: Musikalische Fähigkeiten sind vielseitig und komplex und einige – insbesondere des inneren Erlebens – sind nicht direkt zu erschließen. Das Anliegen dieses Unterrichtswerks, musikalische Fähigkeiten nicht nur in der „Längsrichtung“ des instrumentalen

Fortschritts, sondern auch in der „Breite“ zu entwickeln, bietet den Kindern verschiedenartige Möglichkeiten, sich zu erfahren und darzustellen – und damit auch bei den anderen am Unterricht Beteiligten Aufmerksamkeit und Wertschätzung zu gewinnen.

Von solchen Vorsätzen ausgehend sind individualisierende Impulse leicht vorstellbar:

- „Gabi, diese Stelle bereitet dir noch besondere Schwierigkeiten. Vielleicht kannst du die Töne in verschiedenen Betonungen spielen?“
- „Verena, du kannst bis zum nächsten Mal ausprobieren, ob du es schaffst, das neue Lied auch in einer anderen Tonart zu spielen.“
- „Peter, zeigst du deiner Mutter, wie man zu dem Lied den Takt klatscht? – Wenn sie es gelernt hat, kann sie dein Flötenspiel begleiten.“

(3) Mehrere Kinder bieten mehr für Auge, Ohr und Geist!

Jedes Kind kommt mit dem Instrument auf eine etwas andere Weise zurecht. Bei jedem klingt es etwas anders. Jedes beobachtet und deutet auf seine Weise. – Wird der Gruppenunterricht von solcher Verschiedenheit ausgehend zum *kommunikativen Ort* gemacht, sind viele „Mikro-Motivationen“ im Verlauf jeder Stunde möglich.

Die Lehrerin spielt gewöhnlich „alles richtig“ und das wird vielleicht auch einmal langweilig. Die anderen Kinder aber spielen es zunächst einmal anders und das kann oft sehr interessant sein.

3. Musikalische Aktivitäten im Anfangsunterricht

3.1 Die Rolle der Instrumentaltechnik

Im Instrumentalspiel weist der Begriff „Technik“ darauf hin, dass bestimmte spielerische Fertigkeiten verfügbar sein müssen, um ein Stück oder auch nur eine bestimmte Stelle bewältigen zu können. Die Tatsache, dass „Spieltechnik“ als eine *Voraussetzung* angesehen wird, kann im Unterricht zu einem *Nacheinander* führen („Erst die Technik, dann der Ausdruck!“) – ein Vorgehen, das von Kindern so nicht verstanden wird. Die Lehrerin sollte versuchen, technische Aufgabenstellung und musikalische Ausdrucksgebung in einer Weise zu verbinden, wie es nicht zuletzt auch der Literatur entspricht. „Technik“ ist dann nicht ein dem schöpferischen Charakter der Kunst ferner Automatisierungsprozess, sondern wird unumgänglicher Bestandteil einer Auseinandersetzung mit Musik. So wächst die Freude des Kindes am Musizieren mit der zunehmenden Eroberung der Spieltechnik und den damit verbundenen erweiterten Möglichkeiten, sich musikalisch auszudrücken.

Ein von der Lehrerin einfühlend gestaltetes Voranschreiten, in dem Entwicklung als ein Prozess mit Progressions-, aber auch mit Regressions- und Stagnationsphasen erkannt wird, kann der Überforderung wie der Unterforderung vorbeugen. Wichtig ist, dass sich jedes Kind im Rahmen seiner Möglichkeiten selbst verwirklichen darf.

Kinder wollen durchaus Leistung bringen; sie wollen auch zeigen, dass sie etwas können. Die Lehrerin muss fördern und kann fordern, sie darf aber nicht überfordern. Ein wichtiger Rückhalt in dieser Balance des Unterrichtens kann das vorliegende Konzept sein, da es einen breiten musikalischen Spielraum anbietet bzw. verwirklicht und damit vor einer isolierten Ausrichtung des Lernens und Übens der Kinder auf die „Technik“ schützt. Das Zusammenwirken spieltechnischer, musikalischer und kreativer Elemente kann also schon im Anfangsunterricht beginnen.

Methodische Stichworte

(1) Unterrichtsliteratur in Korrespondenz mit den Impulsen des Kindes
Das Kind trägt von sich aus musikalische Erfahrungen und Vorstellungen in den Unterrichtsprozess hinein. An diese soll die Lehrerin anknüpfen und sie zum Ausgangspunkt für das Spielen und Gestalten machen.

Ganz besonders im Anfangsunterricht kann ein kreatives Potential der Lehrerin zum Tragen kommen. Sie sollte nach Möglichkeit gelegentlich selbst Musik für ihre Schüler schreiben und z.B.

- von speziellen technischen Implikationen gespielter Stücke ausgehend kleine Etüden entwerfen;
- gelungene Motive aus der Improvisation eines Kindes formen und notieren oder
- Stücke konzipieren, die die Kinder verändern bzw. vervollständigen können.

Für die Kinder ist es gewiss ein besonderer Anreiz, eine Komposition ihrer Lehrerin zu spielen, und sie können ihre eigene Bedeutung für die Lehrerin hier auf eine ganz besondere Weise spüren.

(2) Anregende, wechselnde Aufgaben – Übetechniken
Die Freude an der eigenen Tätigkeit ist der wichtigste Antrieb für den Instrumentalunterricht – zu Beginn und auf Jahre hinaus. Da die Kinder im frühen Schulalter häufig (nicht immer) eine motorische Geschicklichkeit schneller als die „Geläufigkeit des Notenlesens“ erreichen, empfiehlt sich im Anfangsunterricht ein oftmals über das Hören angeregtes Spielen.

Es gibt unterschiedliche Möglichkeiten, Kinder an neue Stücke heranzuführen – das hörende Erfassen ist eine der wichtigsten. Welche Abschnitte stellen dem Ohr interessante Aufgaben und fordern zum Nachspielen heraus? – Spielstücke mit überschaubaren und anregenden klanglichen und melodischen Strukturen, die schon innerhalb einer Unterrichtsstunde erlernt werden können, sind also von besonderer Bedeutung. Anzustreben ist es, die Übungsstücke mit ganz konkreten Aufgabenstellungen für das häusliche Üben zu versehen, die die Aufmerksamkeit des Kindes erhalten und abwechslungsreich in verschiedene Richtungen lenken (auf Aspekte der Bewegung oder Körperhaltung, Dynamik usw.). So bleibt die Konzentration erhalten und Wiederholung wird sinnvoll.

In diesem Zusammenhang sind auch die Impulse des Zeichens

= „**Wi**ederhol **mi**ch" (vgl. auch S. 44)

zu verstehen, die über die im Unterrichtswerk beschriebenen Situationen hinaus von der Lehrerin – funktional dosiert – eingesetzt werden können.

(3) Mit dem Kind über „Technik" sprechen, an „Technik" arbeiten

Spieltechniken können in der Regel nicht isoliert – in Hinblick auf einen einzelnen Körperbereich – betrachtet werden. Mit ihnen verbinden sich verschiedene Bewegungsabläufe der Finger, der Arme und teilweise des ganzen Körpers, die ineinander wirken. Es ist für die Lehrerin nicht immer leicht, dem Kind diesen Zusammenhang verständlich zu machen. Hilfreich und zudem sehr stimulierend sind bildhafte Assoziationen, die dem Kind einen Orientierungsrahmen bieten, z.B.:

- Der Flötenton verändert sich, je nachdem ob „der Wind bläst, heult oder säuselt".
- Die Klaviertaste verwandelt sich in eine „Töneblume", auf der eine „Biene" (Finger) weich landet (Beispiel für portato).
- Der Geigenbogen tanzt auf der Saite; er hüpft und springt (spiccato).
- Der Trommelschlägel fällt „wie eine Perle" auf das Fell.

Gelegentlich richtet die Lehrerin die Aufmerksamkeit der Kinder auf einzelne Parameter der Spielbewegung. Eine entsprechende Lenkung darf jedoch nur behutsam erfolgen: Der Versuch, der Partialbewegung gerecht zu werden, darf nicht zu Verkrampfungen führen. Die Haltung bzw. Bewegung des *ganzen* Körpers soll demgegenüber nicht vernachlässigt werden, da aus ihr auch alle Einzelbewegungen erwachsen und ihr Tempo, ihr Fließen und ihre Ökonomie beziehen. Das vorliegende Unterrichtswerk geht deshalb immer wieder auf „ganzheitliche" Anregungen zurück, die den Spielvorgang ganzkörperlich begründen (z.B. Körperhaltung oder Atem betreffend) oder das Kind in eine Vorstellungswelt versetzen, in der spezielle Bewegungsabläufe wie von selbst Anregung und Form finden.

3.2 Musik hören, erleben, beschreiben

Musikhören hat im interessierten Verhalten des Menschen zur Musik seine Grundlage. Auf dem Instrument zu spielen und Hören zu lernen – das sollte ineinander greifen. Der Instrumentalunterricht strebt den sich selbst zuhörenden Spieler an, der das Ergebnis seines Spiels genießt, kritisch verfolgt und mit dem anderer Spieler – nicht zuletzt der Lehrerin – vergleichen lernt. Das „Beobachten mit dem Ohr" ist im Instrumentalunterricht in jedem Fall noch wichtiger als das „Beobachten mit dem Auge".

Der Begriff „Musikalisches Hören" bezeichnet dabei einen sehr komplexen Wahrnehmungsprozess. Es beginnt beim einfachen „Zuhören" und „Hinhören" und führt bis zum Erfassen komplizierter musikalischer Strukturen. Die Entwicklung der Wahrnehmung als solche ist dabei eng mit der Hör- und Persönlichkeitsentwicklung des Kindes verknüpft, mit seinen Möglichkeiten zu lokalisieren und zu unterscheiden, mit seinem Temperament, seinen emotionalen Reaktionen auf Musik und seinen geistigen Möglichkeiten, musikalische Strukturen zunehmend komplexer zu erfassen und zu benennen.

Das Hören als Fähigkeit der sinnlichen Unterscheidung, der gefühlsmäßigen Anteilnahme und der strukturellen Deutung sollte gleichermaßen bedacht und gefördert werden.

Methodische Stichworte

(1) Hörerziehung als grundlegende Aktivität im Instrumentalunterricht

- *Imitation:* Hörend wahrnehmen – technisch reproduzieren – wiederum hörend vergleichen ... – das Nachahmen eines Vorbildes ist nach wie vor ein grundlegendes methodisches Mittel des Instrumentalunterrichts. Deshalb ist zu überlegen: Wie wird das Hören spannend gemacht? (Eine Melodie kann z.B. schrittweise, Ton um Ton, vor den Kindern entwickelt und von diesen „abgenommen" werden.) – Im unterrichtspraktischen Teil dieses Handbuchs werden zahlreiche methodische Ansätze aufgezeigt.
- Alle *musikalischen Parameter* können zum Gegenstand hörender Aufmerksamkeit werden: Klangfarbe, Dynamik, Artikulation, Phrasierung, Tonhöhe, Tempo, Rhythmus, Metrum, Agogik, Ausdruck usw. – Interpretation kann damit nicht allein aus „Gefühl" oder Nachahmung erwachsen, sondern im bewussten Variieren musikalischer Elemente entwickelt werden.
- Das *„Hören – oder Spielen – im Kopf"* als geistige Vorwegnahme einer später auf dem Instrument zu reproduzierenden Musik beginnt bereits bei der inneren Vorstellung einzelner Töne, die man spielen will.

(2) Sich über gehörte Musik verständigen

Um zu verhindern, „dass nur musikalische Laute und formale Strukturen von Lauten hervorgebracht werden, und um zu erreichen, dass in Lauten, Tönen und ihren Zusammenhängen verstehbarer (musikalischer) ‚Gehalt' angeboten wird" (Christoph Richter*), sollte im Unterricht versucht werden, die Musik – je nach Art – immer auch als eine „Rede", eine „Handlung", als Bild einer inneren Erfahrung oder als Abbild eines Äußeren zu deuten.

„Verstehen" und Sich-verständigen-Können bedingen einander: Für jeden Musizierenden gilt es deshalb, die in Musik beschlossenen bzw. durch sie möglichen Aussagen zu erfassen – und sich darüber mit anderen auszutauschen. Schon im frühen Instrumentalunterricht kann damit begonnen werden.

(3) Musikhören über den Unterricht hinaus

Das Vorbild anderer und ihr Interesse am Spiel des erlernten Instruments ist eine starke Motivation für das eigene Lernen. Deshalb sollten alle Möglichkeiten, mit den Kindern Konzerte zu besuchen und Aufnahmen zu hören, genutzt werden.

Die Aufgabe der Lehrerin, die Eltern in dieser Hinsicht mit zu motivieren und einzubinden, ist offensichtlich (vgl. auch S. 36f. und *Elterninformation*).

3.3 Improvisieren und Komponieren

Niemand wird diese beiden Stichworte zu Beginn des Instrumentalunterrichts mit der Erfindung ganzer Stücke in typischen Stilen und historischen Formen in Verbindung bringen. Ebenso wenig können Improvisation und Komposition als „geniale", dem methodischen Vorgehen verschlossene Äußerungsbereiche gelten.

Bei der Definition beider Aktivitäten spielt insbesondere die Erwartung eine große Rolle, die an den Faktor „Kreativität" im Bereich von Improvisation und Komposition gerichtet ist. Bereits das subjektive Neugestalten mit vorhandenen Ausdruckselementen darf als Ausdruck von „Kreativität" gelten. Geht man von einer solchen „bescheidenen" Definition aus, wird auch der methodische Weg der Erschließung von Improvisation und Komposition klar: Er führt beim Kind über *Wahrnehmung* und *Imitation* – über das Aufnehmen von Elementen und Gestaltungsmöglichkeiten, die vom Kind dann eigenständig – *subjektiv* neuartig – strukturiert werden.

Improvisieren und Komponieren müssen demnach auf musikalischen Erfahrungen gründen, die das Kind gemacht hat: beim Singen und beim instrumentalen Musizieren; beim Imitieren rhythmischer, melodischer, klanglicher oder harmonischer Strukturen, die dem Kind „zugespielt" werden.

* Christoph Richter: „Versuch einer Anleitung zum Musizieren", Teil I, in: „Üben & Musizieren", 1991/6, S. 7

Improvisation birgt oft unvorhergesehene Überraschungen, denn sie basiert auf einer Aufgabenstellung (einem verabredeten Rahmen), aber auch auf persönlicher Freiheit. Die Freiheit des Kindes hat zur Folge, dass Lösungen auch einmal „nicht ins Schema passen", ja sogar irritieren oder stören können. Auch außergewöhnliche *musikbezogene* Einfälle sollten in jedem Fall die Anerkennung der Lehrerin finden – doch wird sie entscheiden müssen, an welchen Gestalten sie fortsetzen möchte.

Mehrere Formen der Improvisation können für den Beginn des Instrumentalunterrichts unterschieden werden:

- *Improvisation nach außermusikalischen Vorstellungen*, z.B. nach einem Thema wie „Wellen im Meer". Im Flötenunterricht können mit dieser Improvisationsaufgabe technische Mittel, die vorab geklärt werden, weiter erschlossen und spielerisch gefestigt werden, z.B. die Fähigkeit, auf- und abwärts gerichtete Tonfolgen legato zu spielen.
- Bei der *Improvisation als Bewegungsbegleitung* sind Bewegungsabläufe die Impulse für die Improvisation, die von der klanglich-rhythmischen bis zur melodiehaften Nachbildung der Bewegungen in Tönen reicht.
- Als *Spiel der Töne und Rhythmen* wird Improvisation zu einem rein innermusikalischen Spiel (z.B. „Muster" in einem gegebenen Fünftonraum spielen und gestalten).
- In der *musikalischen Gerüstimprovisation* – Beispiel „Melodieerfindung über einen Ostinato" – gibt eine zeitlich übergeordnete musikalische Struktur der Improvisation Halt und Gestalt. Improvisation dient hier der rhythmischen Koordination und dem Erleben bestimmter Tonräume.
- Ähnlich ist die *formgebundene und formerschließende Improvisation*, die z.B. die Aufgabe stellt, an musikalische „Fragen" passende „Antworten" anzuschließen. Hier muss das Kind einem bereits verinnerlichten und nun vorgeahnten Muster von melodischen bzw. formalen Gestaltmöglichkeiten folgen und dieses musikalisch zufriedenstellend ausfüllen.
- Das *improvisierte Vertonen von Texten* kann bedeuten, zum Gehalt des Textes musikalische Anmerkungen vorzunehmen (sich also wieder von außermusikalischen Vorstellungen leiten zu lassen) oder den inhärenten Rhythmus eines Textes mit zusätzlichem Klang bzw. einer Melodie auszustatten.
- *Freie Improvisation* meint, von rein subjektiven Strebungen auszugehen, die sich spontan an Klangimpulsen entzünden, und sie frei fortspinnend zu entwickeln. Es ist eine Aktivität, die in hohem Maße auf Konzentration und Sinn für „Klang an sich" setzt. Es dürfte die schwierigste Form von Improvisation sein, weil sie im Kern zugleich abstrakt und formfrei ist.

Der Schritt vom *Improvisieren zum Komponieren* ist klein. Bei Kindern geht es immer darum, spontan improvisierte klangliche Äußerungen wiederholbar und mitteilbar zu machen – auch mit Hilfe einer geeigneten Aufzeichnung (verbal, grafisch, traditionell). Dabei sind die Prozesse des Überarbeitens, des Korrigierens und Wiederholens wichtig, wobei Erfahrungen aus der Musiklehre, differenzierte kompositionstechnische Regeln oder die stilistische Anlehnung an Musik, die uns umgibt, nur allmählich einfließen können.

„Die Lust, sich musikalisch auszudrücken"*, beschränkt sich nicht auf Subjektivität und Spontaneität musikalischer Reproduktion. Dem eigenen Erleben und eigenen Vorstellungen in Tönen Gestalt zu geben, kann für viele Kinder eine starke Motivation sein, um am Instrumentalunterricht intensiv und dauerhaft teilzunehmen.

Das vorliegende Unterrichtswerk birgt in seinen unterrichtspraktischen Anregungen zahlreiche Impulse für Improvisations- und Kompositionslust bei Kindern.

* Vgl. Friedrich Klausmeier: „Die Lust, sich musikalisch auszudrücken", Reinbek b. Hamburg 1978

Methodische Stichworte

(1) Improvisieren und Komponieren – von Beginn an und immer wieder
Von Anfang an sollte jedes Kind zu einem Musizieren angeleitet werden, das Exploration und Gestaltung miteinander verbindet und ihm die Möglichkeit bietet, eine aus dem Stegreif erfundene Musik aufzuzeichnen und weiterzuentwickeln. Kreatives Musizieren im eingangs definierten Sinn sollte ein Bestandteil jeder Unterrichtsstunde und Hausaufgabe sein.

Das Improvisieren und Komponieren kann auch mit den instrumentaltechnischen Fähigkeiten der Kinder verknüpft werden: Improvisationsaufgaben können den Kindern auch in späteren Unterrichtsphasen und -jahren helfen, sich musikalische oder technische Strukturen spielerisch verfügbar zu machen.

(2) Aufmerksamkeit für Kompositionen der Kinder
Eine schnell auf dem Instrument improvisierte Musik ist für die Kinder in der Regel „nichts Besonderes". Doch Wiederholung, bedachte Entwicklung und die Aufmerksamkeit der Lehrerin machen die von Kindern selbst erdachte und aufgeschriebene Musik interessant. Man sollte die Kompositionen der Kinder sammeln und sie in die *Flötenhefte* einkleben (Randleisten!) oder aber (bei verstärkter Arbeit) auch ein eigenes Heft dafür vorsehen. Einzelne Improvisationen können gelegentlich besondere Aufmerksamkeit und Wertschätzung erfahren, wenn sie z.B. für einen speziellen Anlass entwickelt wurden, etwa ein „Stück zu Vatis Geburtstag".

(3) Das Vorbild der Lehrerin
Weder Kinder noch Eltern erwarten von der Lehrerin kompositorische Höchstleistungen im Sinne der Angleichung an Werke arrivierter Komponisten. Die Lehrerin sollte in der Regel von den Mitteln ausgehen, mit denen sich das Kind gerade beschäftigt, und sich auf diese beschränken.

Die Lehrerin sollte grundsätzlich bereit sein, selbst zu improvisieren, auch wenn in ihrer Ausbildung das Fach „Improvisation" nicht (ausreichend) auf dem Lehrplan stand. Handreichungen und Fortbildungsveranstaltungen mögen in diesem Fall eine Hilfe sein – in gleichem Maße ist es aber auch das Vorbild der Kinder: Unbelastet und mit oft überraschenden Ergebnissen können sie sich „kreativer" Aufgabenstellungen annehmen. Im Rahmen dieses Unterrichtswerks geht es vielfach um Improvisation im Rahmen einer klar umgrenzten Thematik – in Formen, für die Kinder offen sind und die sie rasch verstehen. Bei tonaler Improvisation im umgrenzten Tonraum kann es eine Hilfe sein, sich die Phrasierung gesprochener Worte vorzustellen und auf diesem „Gerüst" eine Melodie aufzubauen. Pentatonische und modale Tonräume bieten eine gute Einstiegsmöglichkeit.

(4) Der Stellenwert der Reflexion
Improvisation, besonders aber Komposition, fordern das Kind heraus, sich das, was es im Spiel anwendet und klanglich erlebt, bewusst zu machen. Tonleitern z.B. – von den Kindern selbst zu melodischen Verläufen umgestaltet – heben sich wie von selbst als ein Grundtyp musikalischen Materials ins Bewusstsein und das Interesse am Aufspüren von Tonbeziehungen ist damit rasch geweckt. (Dass Tonleitern hier und dort in Musikstücken vorkommen, führt dagegen noch lange nicht zu dieser musikalischen Einsicht. Sie werden hier nur als Teile von Melodien begriffen; dass sie „Baumaterial" für Musik sind, wird nicht erkannt.)

(5) Wie viel Improvisation, wie viel Komposition?
Mit fortschreitenden technischen und intellektuellen Fähigkeiten kann das Kind musikalische Vorstellungen immer besser realisieren und konstruktiv verarbeiten. Auch vom Kind selbst hängt es ab, welchen Raum das reflektierte Komponieren erhält. Die Improvisation als eine Aktivität, in der Kinder sich musikalische und technische Sachverhalte spielerisch und emotional zugänglich machen, spricht aber dafür, im frühen Instrumentalunterricht der Improvisation – als der schöpferischen Grundlage – vor der Komposition Priorität einzuräumen.

(6) Improvisation bzw. Komposition und das Erlernen von „Literatur“
Reproduktion und Improvisation müssen sich nicht ausschließen. Manchmal bietet es sich an, Teile aus einem zu erlernenden Stück in der „eigenen Werkstatt“ weiter zu bearbeiten: ein Motiv zu sequenzieren, über einer Bassfolge eine eigene Melodie zu spielen oder sogar auszuprobieren, ob die gegebene Komposition irgendwo auch einen anderen Fortgang nehmen könnte. Solchen Anregungen widmen sich besonders die Themen 11 („Musik verwandelt sich“) und 13 („Stück um Stück“).

3.4 Notieren und Lesen von Musik

Notation führt uns zur Vielfalt überlieferter Musik und hilft uns, eigene musikalische Gestaltungen zu klären und festzuhalten.

Jede erfahrene Lehrerin weiß andererseits, wie lange es dauert, bis Kinder das Notenlesen („einigermaßen“ bis „ausreichend“) beherrschen. Das Erfassen der „traditionellen Notation“, die Tonhöhen und Rhythmen weitgehend präzise fixiert, ist an lange Übungsprozesse gebunden, deren Dauer auch von den Fähigkeiten und dem „Typ“ eines Kindes abhängt: Manchen Kindern hilft ihre gute Hörauffassung, sich über das Notenlesen „hinwegzumogeln“ (sie lernen und spielen auf diese Weise selbst komplizierte Musik; sie schauen zwar in die Noten, lesen diese jedoch nicht). Andere Kinder klammern sich ängstlich an Noten und sind außer Stande, auch noch in sich hineinzuhorchen und dort die Musik, die sie spielen möchten, zumindest teilweise vorzufinden. Beide Haltungen sind falsch, doch ist die Gefahr einer Entfremdung vom inneren Hören durch eine frühe *Fixierung* der Kinder auf das Notenlesen viel eher gegeben als die, hinsichtlich des Notenlernens irgendetwas zu versäumen.

„Notation“ umfasst im vorliegenden Unterrichtswerk:

- Die bereits erwähnte *„traditionelle“ Notation*. Sie wird von Beginn an mit einbezogen und behutsam, in kleinen und oft auch wechselnden Ausschnitten, den Kindern zum genauen „Hinschauen“ und als Anregung zum eigenen Notieren angeboten.
- *„Verbalnotation“*: Damit sind alle sprachlichen Beschreibungen von Musikabläufen zum Zweck ihrer Reproduktion gemeint.
- Der Spielraum *grafischer Notation* reicht von der skizzenhaften Notiz bis zur ausgearbeiteten bildhaften Wiedergabe des Klanggeschehens. Der subjektive Charakter grafischer Notation betrifft sowohl die Wahl wie auch die Wiedergabe der Zeichen (s. S. 31).
- Der Genauigkeitsgrad von sprachlicher und grafischer Notation kann in einem weiten Bereich abgestuft werden. Notation, deren Bedeutung von den Beteiligten in der gegebenen Situation (und dann, wenn diese erinnert werden soll) unmittelbar verstanden und hinreichend differenziert umgesetzt wird, kann als *„Aktionsnotation“* aufgefasst werden – in dieser Funktion spielt Notation gerade im frühen Instrumentalunterricht eine Rolle.

Die verschiedenen Notationsformen haben jeweils unterschiedliche pädagogische Effekte. Kinder, die die Grundstufe der Musikschule durchlaufen haben, konnten bereits lernen, sich im „Spielraum Notation“ sinnvoll zu bewegen. Kinder, die neu mit dem Instrumentalunterricht beginnen, sollten die grundlegenden Formen und Möglichkeiten noch einmal kennen lernen: Denn ein Überspringen von wichtigen Zwischenstufen (räumliches Darstellen von „hoch“ und „tief“ / Festlegung von Leserichtung bzw. Zeitachse) stört das Entstehen einer subjektiven Beziehung zwischen den sinnlich wahrgenommenen Klängen und den abstrakten Zeichen. Auch aus diesem Grund gibt das vorliegende Unterrichtswerk vielfältige Anregungen, beginnend bei einfachen grafischen Skizzen von Musik.

Methodische Stichworte

(1) Rhythmussprache und relative Solmisation
Besondere Erfahrungen für Kinder aus der Musikalischen Früherziehung und einen Zugang für *alle* Kinder zu rhythmischer und melodischer (traditioneller) Notation bieten *Rhythmussprache* und *relative Solmisation**. Diese methodischen Möglichkeiten zur Förderung der inneren Tonvorstellung können im Instrumentalunterricht Wege durch die Welt der Tonlängen- und Tonhöhenbeziehungen weisen. Sie können die Intonation sichern und eine Brücke zwischen vokalem und instrumentalem Musizieren bauen. Insbesondere die Rhythmussprache wird im Rahmen der unterrichtspraktischen Hinweise mehrfach erwähnt und empfohlen (die systematische Verwendung der relativen Solmisation würde ein spezifisch darauf abgestimmtes Konzept bzw. eine ausführliche Erläuterung nötig machen). Dabei bleibt es der Lehrerin überlassen, in welchem Umfang sie Vorschläge in ihren Unterricht einbezieht. In jedem Fall ist es sinnvoll, bei Rhythmusübungen und -spielen darauf zurückzugreifen**.

Hinweise:
- Die wesentlichen Prinzipien der Lautierung von Rhythmen sind in der Übersicht auf S. 30 dieses Handbuches dargestellt.
- Eine *vollständige* Vermittlung der Rhythmussprache im Unterricht ist keinesfalls notwendig – auch exemplarische rhythmische Aufgaben mit Hilfe der Rhythmussprache zu erarbeiten ist in sich wertvoll.
- Der Grundschlag wird immer „ta“ gesprochen. In Taktarten, in denen die Viertelnote Zählzeit ist (also im 2/4-, 3/4-Takt usw.), wird diese als „ta“ bezeichnet. In Taktarten, in denen Halbe (z.B. im 2/2- oder 3/2-Takt) oder Achtel (z.B. im 3/8- oder 4/8-Takt) gezählt werden, werden mit „ta“ demnach Halbe oder Achtel bezeichnet, z.B.:

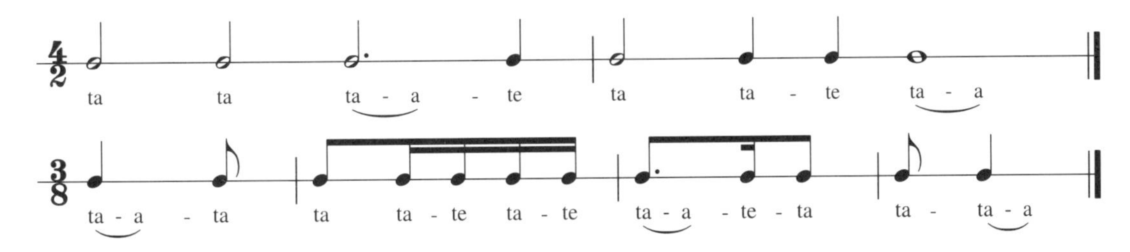

- Die Übersicht auf S. 30 geht von der Viertelnote als Grundschlag aus. Sie zeigt sowohl die Bezeichnungen in der Tonika-Do-Methode als auch die des Kodály-Systems. Beide Systeme haben Vor- und Nachteile, die hier nicht weiter diskutiert werden können. Die Lehrerin kann sich frei entscheiden. (Innerhalb einer pädagogischen Einrichtung sollte man sich allerdings auf *ein* System einigen!)

(2) Viertelnote, Halbe Note, Achtelnote, Punktierung ...
Vorschulkinder müssen diese und ähnliche Wörter sinnvollerweise noch nicht gebrauchen lernen, da sie die darin zum Ausdruck gebrachten Zeitverhältnisse im begrifflichen Sinn noch gar nicht erfassen können. (Die Viertelnote heißt für sie „ta“, zwei Achtelnoten „tate“ oder „titi“. Damit sind die Kinder in der Lage, die Noten zu erfassen und klanglich-rhythmisch zu proportionieren.) Im Instrumentalunterricht können die Fachbegriffe von Beginn an neben die Rhythmussprache treten. Sie erhalten aber erst dann, wenn Takte „gefüllt“ und Taktbezeichnungen dem Verständnis erschlossen werden, spezifisches Gewicht.

---

* Ausführliche Erläuterungen zur „Rhythmussprache“ vgl. insbesondere „Musik und Tanz für Kinder – Musikalische Früherziehung“, Lehrerkommentar II, Mainz 1986, S. 63ff. und „Musikalische Grundausbildung“, a.a.O., LK S. 91ff. / Zur „relativen Solmisation“ vgl. „Musik und Tanz für Kinder – Musikalische Grundausbildung“, a.a.O., LK S. 105ff. Dort finden sich auch weitere Literaturhinweise.
** Vgl. auch: Manfred Grunenberg / Malte Heygster: „Handbuch der relativen Solmisation“, Mainz 1997

Die Rhythmussprache

	Tonika-Do	Kodály-System*
Viertelnoten und Unterteilungen		
	ta	ta
	s(a) flüstern oder leise sprechen	szün (still)
	ta-te	ti-ti
	tafa-tefe	tiri-tiri
3	ta-te-ti	tri-o-la
Längere Werte		
	ta-a-a-a	taaaa
	sa-a-a-a	e-gész szü-net (ga-nze Pau-se)
	ta-a-a	taaa
	ta-a	taa
	sa-a	szü-net (Pau-se)
Ausgewählte Gruppierungen		
	ta-a-te	ta-i-ti
	ta-te-a-te	Syn-ko-pa
	te ta	ti ta
	ta-tefe	ti-tiri
	tafa-te	tiri-ti
	ta-efe	timmri
	tafa-e	tirimm
	ta-se ta	ti-s-ta
	ta sa-te ta	ta-s-ti-ta

* Die Informationen zu den Rhythmussilben im Kodály-System wurden von Prof. Gábor Friss, Budapest, mitgeteilt.

Die absolut bezeichneten Tonhöhen werden von Anfang an gebraucht und verbinden sich bald mit den technischen Gegebenheiten des Flötenspiels. Das Register (S. 228ff.) gibt Auskunft, in welcher Reihenfolge bestimmte musikalische Phänomene (eben auch Noten- und Pausenwerte) in diesem Unterrichtskonzept auftreten; dabei wurde auf das Fortschreiten von leichteren zu komplexeren musikalischen Inhalten geachtet.

(3) Schwierigkeiten beim Spiel notierter Rhythmen
Probleme können entstehen, wenn die zeitlich-klanglichen Proportionen vom Kind zwar optisch erfasst und kognitiv gedeutet, jedoch noch nicht soweit persönlich erlebt werden, dass sie als verfügbare musikalische Gestalten erinnert und im Instrumentalspiel umgesetzt werden können. Ebenso aber kann die gleichzeitige Konzentration der Kinder z.B. auf technische Probleme und auf Notationsdetails zu einer Belastung aufgrund einer Häufung von parallel zu bewältigenden Schwierigkeiten führen. In jedem Fall müssen dann die situativen Anforderungen an das Kind reduziert werden:

- Ist die Situation für das Kind zu komplex geworden, sollten Einzelheiten für sich geklärt werden, wobei Fixierungen aufzulösen sind, z.B.: weg vom Notenbild und vielleicht auch vom Instrument; nur Hören und Nachsingen; spielerische Klärung des rhythmischen Problems mit Hilfe der Rhythmussprache; erst dann wieder Hören und Nachspielen. Auch Bewegungs- und Lockerungsübungen und alles, was die Situation zwischen Kindern, Instrument, Aufgabenstellung und Lehrerin entkrampft, kann nützlich sein.
- Sind rhythmische Grundfähigkeiten bei einem Kind noch ungenügend entwickelt und gesichert, sollte gleichfalls zuerst eine rhythmische Vorarbeit erfolgen (Herauslösen der schwierigen Stelle und Inszenieren einer spielerischen Übung).

(4) Grafische Notation als persönlicher Spielraum
Grafische Notation gibt die Chance, komplexe und sonst nur schwer zu notierende Motive visuell festzuhalten. Kinder sind manchmal sehr kreativ im Finden eigener Darstellungen, die zudem oft erstaunlich viel Typisches des jeweiligen musikalischen Geschehens wiedergeben. Grafische Notation wird in dieser Weise oft zur „Drehscheibe" zwischen Erfindung und Ausführung. Hier Elemente aus der Notation eines 9-jährigen Kindes:

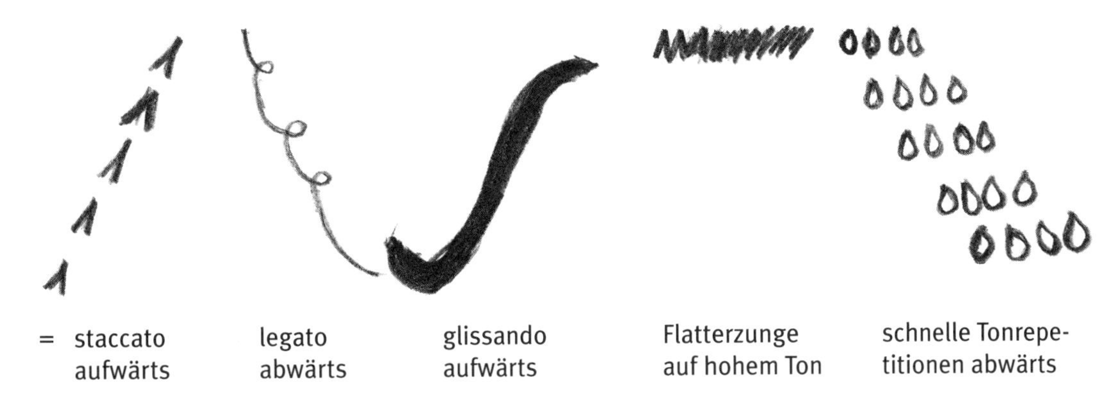

(5) Lesen notierter Musik – Nachdenken und Sprechen über Musik
Notenlesen sollte sich nicht auf die Identifizierung der Zeichen zum Zweck der „Auslösung von Tönen" beschränken. Mit dem Notenlesen soll das Nachdenken und Sprechen über Musik von Beginn an gefördert werden. Impulse sind aus der jeweiligen Musik zu entwickeln und können sich auf deren Struktur, Aussage oder Interpretation beziehen. Beispiel: Ich sehe in den Noten etwas, was sich wiederholt. – Und hier etwas, was ganz anders ist! – Und dieser Teil erscheint an einer anderen Stelle verändert.

4. Aktivitäten, die das Instrumentalspiel im Anfangsunterricht begleiten

Das Spielen auf einem Instrument soll auch im instrumentalen Anfangsunterricht durch andere Aktivitäten ergänzt werden, die das Lernen sinnlich komplex absichern und die musikalische Persönlichkeit des Kindes allgemein bereichern. Die vielseitigen Anregungen und Methoden des Grundstufenunterrichts können im Instrumentalunterricht – spezifisch eingesetzt – weiter eine Rolle spielen.

4.1 Stimme und Klanggesten

In der Musikalischen Früherziehung oder Grundausbildung haben die Kinder oft gesungen. Im vielfältigen Umgang mit Liedern, Versen, Texten und Lautspielen wurde ein breiter Grundbestand musikalischen Verhaltens aufgebaut. Das Singen soll jetzt nicht plötzlich aufhören. Wenn der Instrumentalunterricht dem jungen Menschen einen Weg zur Musik öffnen will, dessen individueller Verlauf kaum abzusehen ist, muss die Stimme weiter einbezogen werden.

Dafür sprechen auch diese Gründe: Die Stimme ist unser erstes, weil von Geburt an verfügbares Instrument. Mit ihr sind wir auf das Engste verbunden; sie gibt unserer Person Klang und Ausdruck. Durch Mitsingen und Einstimmen in den Gesang anderer stimmt sich das Kind ein, gelangt zu einer Übereinstimmung. Singen bildet persönliche und soziale musikalische Identität.

Der Umgang mit der Stimme und mit Klanggesten führt an wesentliche musikalische Erfahrungen heran. Beim jüngeren Kind können wir beobachten, wie es von selbst seinen Gesang mit Gesten unterstützt und dabei den Zusammenhang von Musik und Text im ganzheitlichen Sinn herstellt. Melodische und rhythmische Ordnungen und Formabläufe werden dabei verinnerlicht und damit wieder für das Instrumentalspiel verfügbar. Im Singen und gestalteten Sprechen gehen wir auf andere zu, musizieren mit ihnen.

Methodische Stichworte

(1) Klanggesten als Hilfen für das rhythmische Lernen und als Begleitung
Klatschen, Patschen, Schnipsen, Stampfen – diese als „Klanggesten“ bezeichneten Aktivitäten ermöglichen nicht nur die ganzkörperliche Erfahrung und Gliederung rhythmischer Beziehungen, sondern bieten sich auch als spezielle Begleitformen von Musik an.

(2) Aus dem Singen und Sprechen kommt der musikalische Ausdruck
Wenn Kinder auf ihrem Instrument „ohne Punkt und Komma“ spielen oder die musikalischen Satzzeichen – die Phrasierungsbögen – an unpassender Stelle setzen, ist es besser, die Melodie richtig gestaltet zu singen, als den Fehler zu „besprechen“. Die gesungene Melodie kann der gespielten zusätzliche Ausdrucksqualitäten verleihen, z.B. zu dynamischen Schattierungen anregen.

Manchmal macht es Kindern Freude, zu einem Musikstück einen Text zu erfinden. Die Möglichkeiten reichen von der Textunterlegung bis zur begleitenden (programmatischen) Textidee. Ein Textimpuls kann sogar zu einer improvisierten szenischen Darstellung führen und die musikalischen Ausdrucksmöglichkeiten wie den Unterricht selbst beleben.

(3) Atmung und Artikulation
Gezielte Sprachspiele und Sprechübungen werden bei den Kindern auch ein Gefühl für Zwerchfellatmung und Atemführung entwickeln und die Beweglichkeit von Lippen, Zunge und Kiefer günstig beeinflussen. Außerdem wird damit die Artikulation am Instrument gefördert und differenziert.

(4) Singen + Instrument = Mehrstimmigkeit
Eine Vorstellung vieler Kinder von gemeinsamem Musizieren wird rasch einlösbar, wenn sich Singen und Instrumentalspiel zur Mehrstimmigkeit verbinden.

Der Instrumentalunterricht kann auch auf Lieder und Melodien, die die Kinder aus der Musikalischen Früherziehung oder Grundausbildung kennen, zurückgreifen. Das gilt für Lieder, deren Melodien mit den anwachsenden technischen Möglichkeiten auf dem Instrument vollständig dargestellt werden können, oder für Melodien, zu denen auf der Flöte eine Begleitung ausgeführt werden kann.

4.2 Andere Instrumente spielen mit

Die oft jahrelange ausschließliche Beschäftigung mit *einem* Instrument im Unterricht insbesondere jüngerer Kinder ist zumindest untypisch im Hinblick auf den eigentlichen Zweck instrumentalen Lernens: für und *mit* anderen Musik zu machen.

Diese Sichtweise verlangt das möglichst regelmäßige Zusammenspiel in der (kleinen) Gruppe, das auch bei Einzelunterricht organisatorisch ermöglicht werden muss. Ausgehend vom Zusammenspiel gleicher Instrumente wird auch dazu angeregt, „andere“ Instrumente in den Unterricht einzubeziehen. Das können Instrumente sein, die andere Kinder lernen (oder Eltern spielen), aber auch jene, die die Kinder aus der Musikalischen Früherziehung oder Grundausbildung kennen: Stabspiele, Trommeln, Effektinstrumente oder von den Kindern selbst gebaute Klangerzeuger können die musikalische Erfahrung im Unterricht auf besondere Weise bereichern. Gewiss werden Takt und Rhythmus der Musik im Flöten-, Geigen- oder Klavierunterricht plötzlich anders gehört, wenn sie auf einer Trommel gespielt mitklingen. Das von den Kindern erfahrene Klangspektrum wird über das jeweilige „Hauptregister“ hinaus erweitert.

Das vorliegende Unterrichtswerk gibt an verschiedenen Stellen und besonders akzentuiert im 14.Thema („Die Querflöte spielt mit anderen Instrumenten“) Impulse zum Zusammenspiel im beschriebenen Sinn.

Darüber hinaus gelten die folgenden Empfehlungen:

- Oft steht in einem Unterrichtsraum ein Klavier. Handbuch und *Flötenhefte* sehen deshalb auch eine Reihe von (überwiegend leichten) Klaviersätzen vor.
- Schlagwerkstimmen, wie sie vereinzelt notiert sind, können überwiegend von den Kindern, die Flöte lernen, ausgeführt werden. Vielleicht kommt es auch einmal zu einem Zusammenspiel mit Kindern, die Schlagwerk lernen?
- Lehrerinnen, die Gitarre spielen, werden Lieder auf der Gitarre begleiten. Andererseits können in vielen Fällen die Kinder selbst auf einer Gitarre mitspielen (Bordunbegleitung oder I-V-Modelle; oft können die leeren Gitarrensaiten so eingestimmt werden, dass nicht gegriffen werden muss).

Methodische Stichworte

(1) Musikalische Vorstellungen schulen
Auf der Querflöte eine Melodie „singen“, auf dem Klavier eine Phrase „wie eine Geige“ artikulieren oder einmal die Töne „trocken spielen wie auf einer Holztrommel“ – solche für das Musizieren typischen Hinweise können leichter auf das eigene Instrument übertragen werden, wenn Spiel- und Hörerfahrungen im Umgang mit den anderen Instrumenten gewonnen wurden.

(2) Abwechslung und Überraschung durch Erproben anderer Instrumente
Im Allgemeinen führt der Unterricht in kleinen Gruppen gleiche Instrumente zusammen. Gelegentlich sollte es aber möglich sein, dass ein Kind, das Klavier oder Flöte lernt, den Bordunton auf einem Cello streicht bzw. auf einer Gitarre zupft oder einen Ostinato auf einer Trommel spielt. Dies bringt nicht nur Abwechslung und neue Aufmerksamkeit im Hören und Spielen, sondern schult auch besondere „Spielrollen" (begleiten; den Rhythmus ausführen usw.).

(3) Verkrampfungen lösen, Ablenkung finden beim Spiel anderer Instrumente
Manche instrumentenspezifischen, technischen oder musikalischen Probleme können ebenso wie manche körperlichen Verkrampfungen durch die Übertragung einer entsprechenden Aufgabenstellung zunächst auf ein anderes Instrument leicht abgefangen werden: Eine rhythmische Schwierigkeit kann z.B. in ein Trommel-Echospiel überführt und eine melodische Improvisation auf der Tonpalette eines Stabspiels vorbereitet werden usw.

4.3 Bewegung

Die Bewegung im Raum, das Tanzen und Darstellen von Musik mit dem Körper spielt in Musikalischer Früherziehung und Grundausbildung eine wichtige Rolle. Der Instrumentalunterricht seinerseits sollte die Bewegungsfreude und den Ausdruck der Kinder in der Bewegung nicht auf das Training der instrumentaltechnischen Spielbewegung reduzieren. Er sollte die Bewegungsfreude der Kinder auch zum Verbündeten für das musikalische Lernen machen.

Immer wieder können aus originären Bewegungsspielen Impulse für eine musikalische Gestaltung abgeleitet werden. Und immer wieder kann in Musizierbewegungen und in der Musik ein Bewegungsspiel entdeckt, herausgelöst und für sich gespielt werden, das sich später wieder mit dem Musizieren neu verbindet.

Die Lust, sich zu bewegen und dem eigenen Gestimmtsein motorischen Ausdruck zu geben, ist tief in jedem Menschen verwurzelt. Die anthropologisch fundierte Einheit von Musik und Bewegung, die den gemeinsamen Ursprung von Musik und Tanz erhellt, ist in der Grundhaltung des Kindes noch lebendig. Sie auch im Instrumentalunterricht so lange als möglich „wach zu halten" und zu differenzieren, ist nicht nur aus Gründen eines effizienten musikalischen Lernens geboten, sondern kann auch als eine inhaltliche Grundentscheidung verstanden werden: Bezugs- und Spielarten von Musik *und* Bewegung im Instrumentalunterricht auch für die fernere Zukunft der Lernenden offen zu halten gehört zu den Zielen des vorliegenden Unterrichtswerkes.

Methodische Stichworte

(1) Bewegung sensibilisiert für Ausdruck und Wirkung von Musik
Musik, die „tänzerisch" oder „bewegt" oder „wie ein Marsch" gespielt werden soll, bedarf einer entsprechenden inneren Vorstellung des Ausführenden. Musikalische Charakterbezeichnungen können im Bewegungserleben der Kinder vorgebildet, differenziert und dann auf das Instrumentalspiel übertragen werden. Dies gilt auch für zahlreiche Artikulationsanweisungen: Sie lassen sich gerade mit Hilfe von Bewegungsgestaltungen leicht mit persönlich erlebten Vorstellungen verbinden:

- staccato – „so, wie wenn man mit jedem Schritt nur kurz den Boden berührt";
- marcato – „jeder Schritt für sich ist kräftig und mutig";
- legato – „wie mit einem großen, langen Pinselstrich gemalte Bögen, ohne abzusetzen".

(2) Rhythmen (Zeitgliederungen) in der Bewegung erfahren und spielerisch üben
„Erleben vor Zählen!" – Dieser Merksatz sollte möglichst oft umgesetzt werden. Ein rhythmisches Phänomen kann zunächst in der ganzkörperlichen Erfahrung erarbeitet werden: Grundschläge gehen (oder mit den Fußballen auf den Boden tippen), darüber den Rhythmus patschen, klatschen, schnipsen, sprechen usw.; in der Gruppe dann von einem Teil der Kinder den Grundschlag ausführen lassen, von anderen den Rhythmus. – Dabei tritt das eigene Tun mit dem Hören und

Beobachten zusammen und verschiedene Teilfähigkeiten, die im Erleben und Ausführen von rhythmischen Phänomenen zusammenspielen müssen, werden einzeln angesprochen und dabei zunehmend koordiniert.

Ähnliche leicht abzuwandelnde rhythmische Spiele, immer wieder auch ohne Instrument durchgeführt, können übliche Schwierigkeiten, die das Verhältnis von Tonlängen und Pausen betreffen, vorbereitend üben. Die dabei aus dem musikalischen Kontext ausgegliederten und für sich verinnerlichten Elemente der Musik werden anschließend wieder mit den anderen musikalischen Parametern verbunden.

(3) Tonhöhenverläufe als Bewegungsspiel erleben
Wie Töne sich zu kleinen Leitern und Girlanden verbinden, wie sie auf und ab klettern und springen – das kann man sich gar nicht oft genug als ein räumliches Bewegungsspiel verdeutlichen. Tonfolgen werden dabei als ein beziehungsreiches Spiel einzelner Töne vorstellbar, Tonhöhenverläufe auf unterhaltsame Weise beobachtbar. Das Spiel „bewegter Töne", in zeitlich-räumlicher Vorstellung, wird im vorliegenden Unterrichtswerk sogar in einem speziellen Thema in den Mittelpunkt gestellt (vgl. 8. Thema „Spielplatz", S. 140ff.).

(4) Bewegung macht Musik sichtbar
Bewegung trägt zur Verständigung über Musik wesentlich bei. Sie kann:
- durch „Dirigierbewegungen" andere zu Aktion und Pause, zu lautem und leisem Spiel, zu kurzen und langen Tönen veranlassen;
- einem anderen durch eine Spielgeste die Fortführung einer Melodie übertragen;
- durch Schritt- und Raumformen Tempo, Charakter und Sinn der Musik erfahrbar machen (insbesondere, aber nicht nur, bei Volkstänzen und historischen Tänzen).

(5) Bewegung, die einseitiger Fixierung der Haltung am Instrument vorbeugt
Bewegung lockert auf. Insbesondere nach anstrengenden Unterrichtsphasen, die Verspannungen begünstigen, werden Körper und Geist abgelenkt und wieder erfrischt. Zur einseitigen körperlichen Belastung, die Instrumentalspiel oft prägt und auf Dauer die Gefahr von Schädigungen birgt, kann gerade im Kindesalter mit ausgleichenden Bewegungsübungen ein Gegengewicht geschaffen werden.

Sich selbst im Umgang mit dem eigenen Körper beim Musizieren zu beobachten und zu erleben, dazu will das vorliegende Unterrichtswerk von Beginn an anhalten. So werden z.B. Spielhaltungen (mögliche und unmögliche) erkundet (vgl. z.B. S. 84ff.).

(6) Mikrobewegung von Lippen, Zunge und allen an der Atmung beteiligten Muskeln und Fingern als Bewegungsspiel
In den Themen 5 („Bei Tisch"), 7 („Digidigidong – Sprechen und spielen") und 8 („Spielplatz") stehen diese Aspekte im Mittelpunkt.

5. Unterricht und Elternhaus

Noch stärker als in der Musikalischen Früherziehung und Grundausbildung ist der Instrumentalunterricht darauf angewiesen, welche Stellung die Eltern (gemeint sind hier immer die Erwachsenen, bei denen das Kind aufwächst) gegenüber dem Unterricht einnehmen.

Schön ist es, wenn die Eltern daran Anteil nehmen, aber dennoch dem Kind Zeit und Raum für seine eigene Entwicklung geben. Nicht selten kommt es nämlich vor, dass mit dem Instrumentalunterricht des Kindes eigene, nicht erfüllte Wünsche der Eltern verbunden und somit falsche, von außen gesetzte Erwartungen auf das Kind projiziert werden.

Wenn Eltern selbst ein Instrument spielen, kann es sein, dass sie lange Phasen und Eigenarten ihres eigenen Lernweges bereits vergessen haben und allzu schnell die Fähigkeit ihres Kindes an ihrem eigenen Können messen wollen.

Besonders gut ist es, wenn die Eltern als zwar interessierte, doch nicht dominante Partner gewonnen werden. Manche haben Chorerfahrung oder sind Mitglieder einer Tanzgruppe. Ein Glücksfall ist es, wenn im Elternhaus mit dem Kind gespielt, geübt und musiziert wird – doch das ist der Ausnahmefall.

Die Lehrerin wird sich für jedes Kind neu mit derartigen Fragen und Problemen auseinander setzen. Letztlich hängt davon in hohem Maße der Erfolg des Unterrichts ab.

Die Elterninformation

Weil vielen Eltern die genannten Zusammenhänge oft gar nicht bewusst sind, liegt jedem *Flötenheft 1* eine *Elterninformation* bei, die die Eltern – nachdenklich und auch humorvoll – auf ihre eigene Rolle und somit auf ihre Verantwortung für den Instrumentalunterricht ihres Kindes hinweisen möchte.

Methodische Stichworte

(1) Faktor Zeit

Gerade im Instrumentalunterricht spielt Zeit – als „Entwicklungszeit" – eine wichtige Rolle und muss von allen Beteiligten gut eingeschätzt werden: Es dauert sehr lange, bis sich der Klang eines Instruments und das Repertoire bzw. die Fähigkeit des Improvisierens und Komponierens so weit entwickelt haben, dass die mediengewöhnten (und vielleicht -verwöhnten!) Zuhörer zufrieden sind.

Das Kind selbst erlebt dagegen sein Musizieren oft sehr positiv. Sein Eindruck darf durch die übertriebene Hörerwartung anderer Beteiligter nicht geschmälert werden. Es bedarf einer hohen Sensibilität bzw. Sensibilisierung – besonders auch der Eltern –, dies wahrzunehmen, zu unterstützen und sich dem Kind gegenüber stets wertschätzend zu verhalten.

(2) Vertrauen schaffen

Sehr vorteilhaft ist es – wie bei jeder schulischen Situation –, wenn die Kinder spüren, dass Eltern und Lehrerin „am gleichen Strang ziehen". Die pädagogische und fachliche Autorität der Lehrerin muss außer Frage stehen, aber auch mit den Vorstellungen der Eltern so weit wie möglich in Einklang gebracht werden. Diese Vertrauenssituation kann nur durch Information, also durch Gespräche, aber auch durch aufmerksames Zuhören wachsen.

(3) Vorstellungen in Einklang bringen und Ziele besprechen

Die Vorstellungen über die Ziele des Lehrens und Lernens sollten bei allen Beteiligten weitgehend identisch sein. Dass dies aber nicht immer der Fall ist, vor allem nicht am Anfang, ist den meisten Instrumentalpädagogen bekannt: Kinder – mehr noch manche Eltern – haben ganz konkrete Vorstellungen, welche Stücke gespielt werden sollen und welche Musikrichtung vorrangig behandelt werden soll. Auch die methodischen Schritte, die der Lehrerin in der jeweiligen Situation wichtig erscheinen, werden von den anderen Beteiligten oftmals nicht in ihrer Bedeutung gesehen. Unverständnis und Ungeduld können dann zu lernhemmenden Spannungen führen. Daher ist es ratsam, mit den Kindern und den Eltern in gewissen Zeitabständen mittelfristige Zielstellungen abzusprechen. So kann man in einer längeren Phase „freieren Spielens und Improvisierens“ darauf hinweisen, dass danach wieder Spielstücke nach Noten auf dem Plan stehen. Oftmals ist es die Angst vor Defiziten, die die Eltern unruhig werden lässt!

(4) Eltern im Unterricht
Das Interesse mancher Eltern kann so weit gehen, dass sie regelmäßig am Unterricht teilnehmen möchten. Dies ist im Einzelfall für die häusliche Übung sogar vorteilhaft. Manche Mütter oder Väter besitzen aber eine solche Dominanz, dass eine freie Entfaltung ihres Kindes und dadurch ein spannungsfreies Verhältnis zur Lehrerin stark beeinträchtigt wird. Da es für die Lehrerin schwer wäre, unterschiedliches Verhalten gegenüber Eltern zu begründen, ist es sinnvoll, die Eltern nicht regelmäßig am Unterricht teilnehmen zu lassen. Zeitlich begrenzte und entsprechend begründete Ausnahmen sind möglich (z.B. fünf Minuten vor Unterrichtsende, um Aufgaben für zu Hause zu besprechen).

(5) Informieren und Beraten
Über das bereits Gesagte hinaus werden die Eltern für fachliche Betreuung und Beratung seitens der Lehrerin sehr dankbar sein:
- Beim Kauf oder bei der Ausleihe eines Instruments sollte die Lehrerin behilflich sein. Gerade im Anfangsunterricht darf die gute Qualität eines Instruments nicht unterschätzt werden (vgl. auch S. 43).
- Bei organisatorischen Problemen sollte die Kommunikation besonders gut funktionieren: Unterrichtsausfall, Verschiebungen, zusätzliche Termine (Ensemble etc.) müssen so rechtzeitig mitgeteilt werden, dass die Eltern ihre Terminplanung danach gestalten können. Gerade in diesem Punkt kann bei zu großer Nachlässigkeit ein Spannungsherd im Verhältnis Eltern/Lehrerin entstehen.

(6) Eltern und Üben
Ziel sollte es sein, dass das Kind zu Hause alleine übt. Da aber „richtiges Üben“ eine Fähigkeit ist, die sich erst im Laufe der Zeit entwickelt, kann eine elterliche Betreuung durchaus hilfreich sein. Diese muss aber sehr behutsam geschehen: Ratschläge sollten so gegeben werden, dass sie eine Teilnahme am musikalischen Interesse des Kindes erkennen lassen.
- Zum Beispiel können sich Eltern von ihrem Kind etwas über ein Stück erzählen oder erklären lassen: einen besonderen Titel, ein unbekanntes Zeichen usw.
- Vielleicht können sie auch einmal mitsingen oder mit einer Trommel einen Begleitrhythmus spielen?

Eltern sollten jedenfalls nicht die Rolle eines „Hauslehrers“ spielen, sondern mehr darauf achten, dass die Rahmenbedingungen für das häusliche Üben und Musizieren günstig sind:
- Hat das Kind einen Übeort, an dem es nicht gestört wird, oder läuft der Fernsehapparat im gleichen Raum?
- Nimmt sich das Kind regelmäßig Zeit, um sich mit seinem Instrument zu beschäftigen?

(7) Weitere Möglichkeiten, die Eltern einzubeziehen,
... sind „Eltern-mit-mach-Stunden“, Elternabende und Vorspiele (Eltern begleiten Kinder). Konkrete Hilfen dafür zu geben ist schwierig, da diese Möglichkeiten sehr situationsgebunden sind. Anregungen finden sich über das ganze Unterrichtswerk hinweg verstreut. Zur Gestaltung unkonventioneller Vorspiele vgl. Thema 15 „Die Querflöte lädt ein – zu einer Reise mit dem Wind“.

Eltern machen mit

6. Gliederung und Handhabung der unterrichtspraktischen Vorschläge

6.1 Die 15 „Themen" – ein „roter Faden"

Der *rote Faden* ist ein sprachliches Symbol, das bereits in den Unterrichtswerken „Musik und Tanz für Kinder – Musikalische Früherziehung" und „Grundausbildung" eingeführt wurde. Unterricht „am roten Faden entlang" folgt einer Leitlinie, die einerseits einen didaktisch und praktisch vernünftigen Weg weist, andererseits aber – wie ein Faden – biegsam für Veränderungen des persönlichen Arbeitsweges bleibt (vgl. S. 41f.).

Der Verlauf des roten Fadens wird durch die Inhalte und Abfolge der *Themen* geprägt. Jedes Thema umfasst zahlreiche inhaltlich miteinander verbundene Lernsituationen – Impulse, die sich jeweils zu einem Handlungsrahmen schließen und sich als „didaktisch-fruchtbar" erweisen: Im Zusammenspiel mit der Phantasie und den Vorstellungen der Kinder kommt man damit zu lebendigen Spielen und Übungen, Improvisationen, Kompositionen usw.

Die in diesem Unterrichtswerk vorgestellten 15 *Themen* sind – das sei deutlich gesagt – keine Unterrichtsstunden! Die Lehrerin entscheidet selbst,
- wann sie die angebotenen Impulse und Materialien einsetzt,
- in welcher Dichte und Dauer sie die Kinder zur Beschäftigung anhält (Impulse und Aufgaben werden von einzelnen Kindern verschieden erfahren – als leichter oder schwieriger und mehr oder weniger herausfordernd) oder
- wie sie verschiedene Themen miteinander in Beziehung setzt.

Durch zunehmende Erfahrung mit den unterrichtlichen Möglichkeiten werden Stundenverläufe und Inhaltsverbindungen immer vertrauter werden.

Der *Aufbau eines Themas* im vorliegenden Handbuch (S. 48ff.) berücksichtigt folgende Prinzipien:
- Bereits jeder *Thementitel* ist so formuliert, dass ihn auch Kinder „verstehen" können. – Bildhaftigkeit im Sinne von Verstehbarkeit für die *Kinder* ist *überall* dort ein wichtiges Ziel, wo in diesem Unterrichtswerk konkrete Arbeitshinweise gegeben werden. Die Übertragung der Impulse in konkreten Unterricht wird dadurch wesentlich erleichert.
- Unter jeder Themenüberschrift wird der Sinn des Themas kurz erläutert.
- *Besondere Ziele/Aktivitäten:* Hier werden einige wichtige spezifische Ziele herausgehoben.
- Die *Entwicklung des Themas* gliedert sich in bis zu drei Abschnitte:
  - *Eine Unterrichtssequenz*
    Hier wird eine mögliche Ausarbeitung des Themas in äußerlich und inhaltlich aufeinander bezogene Unterrichtssituationen anschaulich geschildert.
  - *Spielstücke und Musizieranregungen im Flötenheft*
    Hier wird Material zum Musizieren unterrichtspraktisch kommentiert. Die Vorschläge zeigen zugleich exemplarisch, welche Art von Musiziermaterial den Kindern jetzt schon zugänglich ist. (Die Lehrerin kann hier weitere Musizierstücke, Lieder usw. ergänzen.)
  - *Materialien zur weiteren Anregung*
    Hier werden ergänzende Spiele, Übungen, Lieder, Texte, Bilder, Geschichten usw. angeboten, die zusätzlich oder alternativ in die Unterrichtsplanung einzubeziehen sind.
- Die Titel der „Themen" und viele Punkte aus der „Unterrichtssequenz" kehren in den *Flötenheften* wieder. Das vorliegende Handbuch enthält Vorschläge für den darauf bezogenen Unterricht. Alle Spielstücke und Musizieranregungen, die in den *Flötenheften* zu finden sind, werden im Handbuch angesprochen.

Symbole

= **V**ariation/**V**erbreiterung/**V**ertiefung der Unterrichtsvorschläge: Die Vorschläge ermöglichen die vertiefende Unterrichtsarbeit – bei einer konkreten thematischen Situation verbleibend.

= Hier sind Situationen beschrieben, die es besonders gut erlauben, Eltern am Unterricht aktiv zu beteiligen.

= Zusätzliche Materialvorschläge zur Bereicherung des Unterrichts.

Bei den Anfangsthemen finden sich die folgenden differenzierenden Symbole:

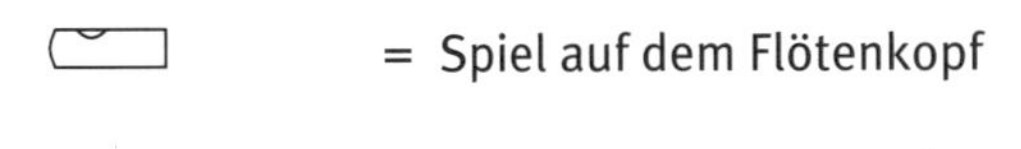

= Spiel auf dem Flötenkopf

= Spiel auf der ganzen Flöte

= **Wie**derhol **mi**ch: Dieses in den *Flötenheften* auffällige Symbol (zur Erläuterung siehe S. 44) wird auch im Text des Handbuches mehrfach aufgegriffen.

6.2 Struktur der Themeninhalte

Die 15 Themen dieses Unterrichtswerks tragen u.a. folgenden Zielsetzungen Rechnung:

- Sie sollen das soziale Bezugsfeld „Kind – Instrument – Raum – Lehrerin – andere Kinder" erschließen: Es ist die Absicht, eine gute emotionale Basis zu schaffen. Die Themen 1 bis 3 sind vorrangig diesem Anliegen gewidmet, das jedoch auch in allen anderen Themen wiederkehrt.
- Alle Themen sollen den Kindern den „Spielraum des Instruments" öffnen: die Suche nach möglichen Flötenklängen, die Verbindung des Spielens mit dem Hören, eigenes Improvisieren und Komponieren. Diese Zielsetzungen sind in den Themen 6 bis 9 sowie 11 unmittelbar erkennbar, aber auch in vielen anderen Unterrichtssituationen enthalten.
- Im Verlauf der Themen sollen grundlegende technische und musikalische Dimensionen des Instrumentalspiels dem Erleben und Handeln der Kinder zugänglich gemacht werden. Neben den bildhaften „Rahmenideen", die das Erleben und die Kreativität des Kindes im Unterricht in den Vordergrund rücken, werden grundlegende Inhalte der Spieltechnik – Spielhaltung, Anblasen, Fingertechnik usw. – vermittelt. Das Unterrichtswerk kann und will allerdings keine schrittweise detaillierte methodisch-technische Handreichung zum Erlernen aller Griffe und Notenzeichen bieten, da der Schwerpunkt auf der musikalischen und kommunikativen Ebene liegt. Die Konzeption rechnet hier auf die Ausbildung und Erfahrung der Instrumentallehrerin und bietet ihr dafür einen weiten Spielraum, in dem sie selbst über das Lerntempo entscheidet, die Reihenfolge der zu lernenden Töne bestimmt und den Kindern eigene „Tipps und Tricks" übermittelt.
- Mehrere Themen wollen das Instrumentalspiel in besondere Zusammenhänge stellen: Sie erläutern Texte und Bilder als Gestaltungsanregungen, beschäftigen sich mit dem „Üben", fordern zum Musizieren mit anderen Instrumenten auf, richten den Blick auf ein „Vorspiel" usw. – Solche Themen finden sich insbesondere am Schluss (10, 12 bis 15).
- Einige Themen gelten schwerpunktmäßig instrumenten*übergreifenden* Zielen im Anfangsunterricht. Sie finden sich in gleichen oder sinngemäßen Formulierungen auch in anderen Instrumentalkonzeptionen der vorliegenden Reihe und signalisieren deutlich die „gleich schwingende" Konzeption in den verschiedenen Werken von „Musik und Tanz für Kinder – Wir lernen ein Instrument". Die Ähnlichkeit der Themenstellung ermöglicht zudem im Kollegium der Musikschule eine konstruktive Diskussion und Verständigung über die „instrumentalen Grenzen" hinweg.

6.3 Übersicht: Die „Themen" in der Werkreihe „Musik und Tanz für Kinder – Wir lernen ein Instrument"

	spielen und lernen Blockflöte	spielen und lernen Querflöte	spielen und lernen Klavier	spielen und lernen Geige	spielen und lernen Schlagwerk
1	Schau an, die Blockflöte!	Schau an, die Querflöte!	Schau an, das Klavier!	Schau an, die Geige!	Schau und horch – unsere Schlaginstrumente!
2	Wir	Wir	Wir	Wir	Wir
3	In unserem Musikzimmer	In unserem Musikzimmer	In unserem Musikzimmer	In unserem Musikzimmer	In unserem Musikzimmer
4	Besuch von der „Musikfamilie"	Im Hafen	Besuch von der „Musikfamilie"	Auf dem Bahnhof	Rhythmen machen Appetit
5	Luft, die klingt und schwingt	Bei Tisch	Spielplatz „Klavier"	Musik verwandelt sich	„Muster" spielen – auf der kleinen Trommel und anderen Instrumenten
6	Im Hafen	Wind kommt auf	Wir komponieren (1)	Besuch von der „Musikfamilie"	Das Drumset
7	Digidigidong – Sprechen und spielen	Digidigidong – Sprechen und spielen	Schiff auf dem Meer	Die Geige kann auch anders klingen	Auf dem Stab-Spiel-Platz Trainingsprogramme 1 für Schlaginstrumente
8	Spielplatz	Spielplatz	Treppauf, treppab – Spuk im Schloss!	Spielplatz	Die „Musikkommode"
9	Im Zauberwald	Vogelmusik	Lieder begleiten	Die „Musikkommode"	Im Congaviertel
10	Die „Musikkommode"	Die „Musikkommode"	Die „Musikkommode"	Stück um Stück	Musik erfinden und Geschichten gestalten
11	Die Blockflöte kann auch anders klingen	Musik verwandelt sich	Tanzen und Spielen	Horchen, Hören, Spielen	Lieder und das Drumherum
12	Musik verwandelt sich	Musik nach Texten und Bildern	Wir komponieren (2)	Musik nach Texten und Bildern	Musik verwandelt sich
13	Stück um Stück	Stück um Stück	Stück um Stück	Der Bogen tanzt	Das Schlagwerk spielt mit anderen Instrumenten
14	Die Blockflöte spielt mit anderen Instrumenten	Die Querflöte spielt mit anderen Instrumenten	Das Klavier spielt mit anderen Instrumenten	Die Geige spielt mit anderen Instrumenten	Das Schlagwerk lädt ein – zum Konzert „1, 2, 3 und noch viel mehr!" Trainingsprogramme 2 für Schlaginstrumente
15	Die Blockflöte lädt ein – zu einem Spaziergang durch den Zoo	Die Querflöte lädt ein – zu einer Reise mit dem Wind	Das Klavier lädt ein – zu einer Reise mit der Zeitmaschine	Die Geige lädt ein – zu einem musikalischen Varieté	

Hinweis: Die Reihe „Musik und Tanz für Kinder – Wir lernen ein Instrument" kann über die hier genannten Instrumente bzw. Unterrichtswerke hinaus ergänzt werden.

6.4 Akzentsetzung und Schwerpunktbildung in der Praxis

Die 15 *Themen* im Unterrichtswerk *Querflöte spielen und lernen* versuchen die Breite der Inhalte eines modernen Flötenunterrichts ausgewogen zu strukturieren. Die Themenfolge ist aber nicht als starre Vorgabe für Unterrichtsplanungen und -verläufe aufzufassen. Es kann damit individuell umgegangen werden:

(1) Lernangebot und Zeitrahmen
Die in diesem Unterrichtswerk zusammengestellten Inhalte reichen über das hinaus, was im Verlauf der gegebenen Unterrichtszeit wie auch der Entwicklungszeit eines Kindes behandelt werden kann. Die Fülle der Anregungen will Variation im Unterricht ermöglichen und der Lehrerin eine Grundlage für ein abwechslungsreiches Arbeiten auch in einer jahrelangen Unterrichtstätigkeit sein. So ist jeweils eine bestimmte Auswahl und Akzentsetzung nötig.

(2) Persönliche Schwerpunktbildung und Reihung von Themen durch die Lehrerin
„Improvisation", „Komposition", „Ensemblespiel" ... so könnten z.B. Schwerpunkte lauten, die – angeregt von diesem Unterrichtswerk – realisiert werden. Jede Beschäftigung mit einem Schwerpunkt bringt ein „Mehr" in einem Teilbereich des Instrumentalspiels – für andere Inhalte und Erfahrungen ein „Weniger". Hier ist verantwortungsvoll abzuwägen.

In vielen Themen wird der Schwierigkeitsgrad gesteigert – bis hin zu den ergänzenden „Material"-Vorschlägen. Deshalb sollten die Themen nicht „der Reihe nach vollständig durchgearbeitet", sondern den individuellen Kenntnissen und Interessen der Kinder entsprechend gegliedert und gefasst werden. Das kann beispielsweise bedeuten, dass eine Lehrerin ein Thema verlässt, wenn es zu schwierig wird, und auf ein schon bekanntes Thema zurückkommt, um dort an etwas anzuschließen, was nun aufgrund von inzwischen erlangten Kenntnissen und Erfahrungen spielbar geworden ist.

Viele Spiele und Übungen lassen sich im Schwierigkeitsgrad z.B. durch die Auswahl des Tonmaterials, der rhythmischen Struktur oder der Art der Notation variieren.

Besonders in den ersten Themen wird immer wieder empfohlen, nur auf dem *Flötenkopf* zu spielen. Die Kinder können sich so ganz auf das Blasen konzentrieren. Außerdem bietet das Spiel auf dem Flötenkopf vielseitige Erfahrung für das Tonempfinden.

Hinweis: Alle Themen sind so aufgebaut, dass sie in ihrer Grundidee auch ohne den im vorliegenden Unterrichtswerk (ab Thema 3) angebotenen Tonraum behandelt werden können. Bei sehr jungen Kindern kann die Lehrerin innerhalb der Themen 1 bis 7 zunächst manche der angebotenen Lieder, Musizieranregungen und Spielstücke zurückstellen, um sie später wieder aufzugreifen. Die Lehrerin wird sich auf wenige Töne beschränken, aber durchaus die in den „Unterrichtsverläufen" geschilderten inhaltlichen Impulse berücksichtigen.

(3) Ineinandergreifen von Themen
Vor allem die Kinder mit ihren (wachsenden) Erfahrungen sollten in der Unterrichtspraxis zunehmend in den Vordergrund treten. Sie können im Unterricht viele überraschende Impulse geben. Dies kann z.B. bewirken, dass länger als geplant an einem Thema festgehalten wird oder dass sich unvorhergesehen eine Spur ergibt, „die eigentlich zu einem ganz anderen Thema führt". Die Lehrerin sollte sich nicht scheuen, spontanen Querverbindungen Raum zu geben.

(4) Jedes Kind und jede Gruppe ist anders
Das trifft auch für den Anfang des Instrumentalunterrichts zu. So mögen z.B. ältere Kinder sachorientierter denken und sich über das gemeinsame Tun problemlos kennen lernen. Bei jüngeren Kindern oder in einer „schüchternen" Gruppe muss dagegen dem anfänglichen „Kennenlernen" mehr Aufmerksamkeit und spezifische Anregung geschenkt werden.

(5) „Nachholen" von Erfahrungen aus der Musikalischen Früherziehung
Kinder, die sich vor dem Instrumentalunterricht noch nicht oder zu wenig in den Spielraum von Musik und musikalischer Tätigkeit einfinden konnten, müssen manches „nachholen". Dabei ist nicht nur an spezielle Fertigkeiten zu denken (z.B. Auffassen musikalischer Notation), sondern

zum Beispiel auch an wache sinnliche Fähigkeiten (Hörinteresse), an musikalische Grundfähigkeiten (Takt- und Rhythmusgefühl) und gestalterische Interessen.

(6) Weitere Querverbindungen über das Unterrichtswerk hinaus
Lehrerinnen, die mit einem „Musik und Tanz für Kinder“-Konzept (Musikalische Früherziehung oder Grundausbildung) bereits vertraut sind, werden mögliche Querverbindungen zwischen den verschiedenen Unterrichtswerken, die zu erweiterten Möglichkeiten führen, sicherlich erkennen und die richtigen „Anschlüsse“ rasch herausfinden. Sie können dann z.B. vorliegende inhaltliche Kenntnisse der Kinder bei der thematischen Planung des Instrumentalunterrichts stärker einbeziehen oder mit den Kindern, die jetzt ihr Instrument lernen, noch einfacher eine konkrete Kooperation mit Musikalischer Früherziehung oder Grundausbildung realisieren.

7. Flötenspezifische Hinweise

(1) Das Instrument des Kindes
Ein Instrument zu kaufen erfordert Sachverstand und ist für Unerfahrene nicht ratsam. Schon vor Beginn des Unterrichts sollten die Eltern in einem Elternabend oder in einem Gespräch über den Weg zu einer Kaufentscheidung informiert werden. Auch die *Elterninformation* (vgl. dort S. 11) spricht dieses Thema an.

Gerade beim Unterrichten jüngerer Kinder hat sich die in den letzten Jahren verstärkt angebotene Querflöte mit gebogenem Kopfstück bewährt. Sie ist kürzer, lässt sich dadurch von den Kindern leichter greifen und ist für sie vom Gewicht her besser auszubalancieren. Das Mundloch ist mit dem der geraden Flöte identisch. Da diese Instrumente in der Regel mit *beiden* Kopfstücken zum Kauf angeboten werden, entstehen den Eltern keine Mehrkosten.

Die Praxis zeigt, dass es bei der späteren Umstellung kaum Probleme gibt. Die von Fachkolleginnen gelegentlich geäußerten Bedenken, die Flöte mit gebogenem Mundstück sei hinsichtlich der Intonation, der Ansprache des Tons und der Handhabung weniger zufriedenstellend, sind nach eigenen praktischen Erfahrungen nicht zu bestätigen. Insbesondere die vom Körperbau noch kleineren und zarteren Kinder können mit dieser Flöte sehr gut umgehen und die beim verfrühten Spiel auf der langen Flöte zu beobachtenden Verspannungen treten erst gar nicht auf. (Ein dem Körpergefühl nicht entsprechendes Instrument führt oft zu Unlust.)

Die Eltern sollten darauf hingewiesen werden, dass das Kind beim Kauf des Instruments nach Möglichkeit dabei sein sollte. Die Atmosphäre eines Musikgeschäftes, das Beisein der (zukünftigen) Lehrerin, das Wissen um den Geldwert der Flöte usw. werden die Einstellung des Kindes zu seinem Instrument positiv beeinflussen. Es wird die Flöte viel eher als etwas Wertvolles schätzen können und vorsichtig damit umgehen.

Das erste Instrument kann möglicherweise auch ausgeliehen werden. Auch hier ist es wichtig, dass Kinder und Eltern über den Wert und den Wert erhaltenden Umgang mit dem Instrument informiert werden. Die Tatsache, dass eine Querflöte regelmäßig überholt werden muss und dabei zusätzliche Kosten entstehen, ist vielen Eltern unbekannt.

(2) Der Aufbau der Spieltechnik und der musikalischen Lerninhalte
Da jedes Thema eine besondere „Rahmenidee" hat, die dem Vorstellungsvermögen und der Erlebniswelt der Kinder entspricht, wird die Spieltechnik, die in anderen Lehrwerken oft den Mittelpunkt bildet, nicht als Vordergrund sichtbar.

Einen Überblick über die flötenspezifischen und allgemein musikalischen Lerninhalte, die in den Themen impliziert sind, gibt die Aufstellung im Anhang des Handbuches (S. 228ff.): systematischer Aufbau des Tonmaterials, Noten- und Pausenwerte, die einbezogenen Tonarten, Taktarten, Fachbegriffe sowie die Besetzung der Lieder und Instrumentalstücke.

(3) Einführen von Griffen und Tönen
Die Lehrerin selbst bestimmt, mit welchen Griffen bzw. Tönen die Kinder ihr Spiel auf der Flöte beginnen. Das *Flötenheft* gibt Raum, um die ersten Griffe und Töne individuell festzulegen und mit den Kindern zu notieren. Damit die Kinder bald auch die im Unterrichtswerk enthaltenen Melodien spielen können, wird der Vorschlag gemacht, in das Spiel auch die Töne *g'*, *a'* und *h'* einzubeziehen.

Neue Griffe bzw. Töne werden auf unterschiedlichste Weise vorgestellt: in Klangspielen (z.B. „Töne raten", „Schiffssignale"), mit Improvisationsaufgaben, durch Fingerspiele, über das Hören. Dem Kennenlernen folgt stets ein Anwenden und Üben des neuen Tonmaterials in Verbindung mit Liedern und Instrumentalstücken.

Die im vorliegenden Unterrichtswerk aufgezeigte Reihenfolge neuer Töne und Griffe ist vor allem unter dem Aspekt des melodischen Empfindens und des Tonartenbezugs zu verstehen. Da C-Dur mit dem *c'*-Griff gerade für jüngere – kleinere – Kinder nur sehr schwer zu greifen ist, wird hier der Weg über die Tonarten G-Dur, e-Moll, F-Dur, später d-Moll, B-Dur, g-Moll, h-Moll und dann erst C-Dur und a-Moll genommen. Die Kinder finden daher im *Flötenheft* schon bald das *fis'*. Mit diesem Griff wird die Sicherheit und Beweglichkeit der rechten Hand von Anfang an aufgebaut. Die Kinder lernen den Ton ohne großen Aufwand und Erklärungen kennen, ebenso das *b'*. Die oft zu beobachtenden Ängste und Hemmungen gegenüber Vorzeichen können so erst gar nicht entstehen. Im Thema 8 („Spielplatz") kann dann vorsichtig die Bedeutung der Vorzeichen für den Bau von Tonleitern ergründet werden. Auch hier sollte in erster Linie das „Er-hören" der richtigen Töne und Griffe im Vordergrund stehen, nicht das Abzählen von Tonschritten.

Hinweis: In den Griffbildern zu den einzelnen Tönen und in der Grifftabelle am Ende der *Flötenhefte* sind alle Griffe – bis auf einen *b*-Griff (es gibt drei zur Auswahl) – mit der einfachen Daumenklappe aufgezeichnet. Sollte die Lehrerin von Anfang an die Doppelklappe verwenden wollen, kann diese in den Griffbildern zusätzlich ausgemalt werden:

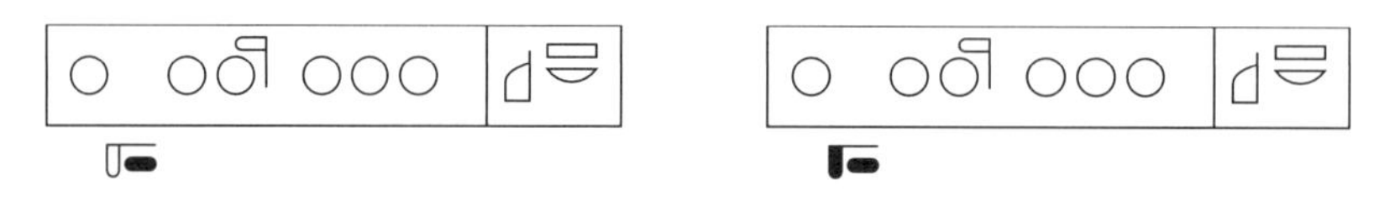

einfache Daumenklappe Doppelklappe

Im *Flötenheft 1* (S. 26) wurde das Griffbild für den Ton *b'* freigelassen. Hier kann die Lehrerin den Griff ergänzen, den sie im Unterricht verwenden will.

Dieses grafische Symbol bedeutet „**Wi**ederhol **mi**ch!" (vgl. die Erklärung für die Kinder in den *Flötenheften*, Innentitel) und fordert zum intensiven Üben auf. An mehreren Stellen der *Flötenhefte* finden sich kurze Übungen zur spieltechnischen Absicherung bestimmter Griffkombinationen. Da es für die Kinder oft sehr schwer ist, neue Töne im Notentext zu lesen und gleichzeitig auf der Flöte zu spielen, sollten diese Übungen, nachdem die Kinder mit dem neuen Griff bekannt gemacht wurden, zunächst ohne Noten geübt werden: im Flötendialog, im „Echospiel" zwischen Lehrerin und Kindern. Die Lehrerin nimmt in ihr Spiel dabei die in den *Flötenheften* erwähnten musikalischen Motive auf; dann erst spielen die Kinder die Übungen vom Notenbild. Zu den pädagogischen Möglichkeiten des „Echos" vgl. grundlegend S. 45.

„Wimi" – wie oft? Das Symbol ist innen leer. Kinder und Lehrerin können das Zeichen hier z.B. durch eine auffallende Farbe markieren oder hineinschreiben, wie oft jede der kleinen Übungen gespielt werden soll (z.B. 3x).

(4) Überblasen

Bei allen Spielen und Übungen, die keinen bestimmten Tonraum beanspruchen, wie z.B. bei Spielen mit „rhythmischen Bausteinen", kann das Überblasen ausprobiert werden. Die Lehrerin wird auch hier den Zeitpunkt selbst bestimmen. Die Themen 4 („Im Hafen"), 8 („Spielplatz") und 9 („Vogelmusik") etwa geben Anlass, das Überblasen auf verschiedene Arten zu üben, z.B.

- mit kurzen, explosiven Atemstößen (Signale, Rufe usw.),
- durch Spielen großer Intervalle („Trampolin") oder Oktavbindungen („Ball werfen"),
- durch stufenweises „Hinaufspielen" in Echoübungen.

(5) Verwendung von Atemzeichen und dynamischen Bezeichnungen

In den *Flötenheften* wurde mit Absicht auf die Vorgabe von Atemzeichen verzichtet. Gerade im Anfängerunterricht mit Kindern kann die Atmung nicht vorgeschrieben werden bzw. als quasi verpflichtend in den Noten auftreten. Das Luftvolumen der einzelnen Kinder ist sehr unterschiedlich und muss erst behutsam vergrößert werden. Es bleibt der Lehrerin überlassen, ob bzw. ab welchem Zeitpunkt sie Atemstellen mit den Kindern festlegt und dann in den Notentext einträgt.

Ebenso verhält es sich oft mit dynamischen Bezeichnungen. – Die Gestaltung von Musikstücken geht einher mit dem wachsenden Verständnis für deren musikalische Aussage und der sich steigernden Ausdrucksfähigkeit der Spieler. Dies sollte gemeinsam im Unterricht erspürt, erprobt, besprochen und dann eventuell schriftlich fixiert werden.

(6) Körpererfahrung und Flötenspiel
Flötenspiel und Körperbewusstsein gehören eng zusammen. Spielhaltung, Atemführung, Fingergeschicklichkeit und Artikulation werden daher immer wieder mit ganzkörperlichen Bewegungsaufgaben – oft auch ohne Instrument – in Verbindung gebracht.

Konkrete Hinweise zu Körperhaltung und Atemführung enthalten die Themen 2 („Wir"), 3 („In unserem Musikzimmer") und 6 („Wind kommt auf") im jeweiligen Materialteil. Ideen zum Üben der Fingerfertigkeit werden insbesondere in Thema 3 („In unserem Musikzimmer") und Thema 8 („Spielplatz") vorgestellt. Die Themen 5 („Bei Tisch") und 7 („Sprechen und spielen") gehen besonders auf das Training der Mundmuskulatur ein und helfen beim Entwickeln eines individuellen Ansatzes. Auch die Voraussetzungen zum differenzierten Artikulieren werden hier behandelt.

(7) „Echo" spielen
„Echo" zu spielen ist grundsätzlich ein lustbesetzter Vorgang: Der eine erfindet Motive und horcht dann, ob das „Echo" sie richtig wiederholt. Der andere passt auf und freut sich an den wechselnden Gestalten und der eigenen Imitation, sofern sie erfolgreich war. Erfinden, Hören und Umsetzen verbinden sich in raschem Wechsel.

Im Unterricht ermöglicht das „Echo" der Lehrerin, musikalische Aufgaben zu formulieren, die die beteiligten Kinder Schritt um Schritt fordern. In diesem Sinn ist das im Folgenden notierte Echospiel als ein *Modell* anzusehen, nicht als Spielvorlage! Werden mit Zeile 1 und 2 zunächst die Tonalität und Form des Echospiels definiert, steht Zeile 3 für die Möglichkeit melodischer Entfaltung. Zeile 5 bringt im Vergleich zu Zeile 4 einen „rhythmischen Stolperstein", Zeile 6 klärt wieder und schafft Sicherheit, Zeile 7 zeigt die Möglichkeit melodischer und rhythmischer Veränderung und die Schlusszeile bringt eine Überraschung.

Jede von der Lehrerin vorgespielte Zeile wird wiederholt, wenn das „Echo" nicht korrekt spielt.

Ein Echospiel kann natürlich auch Lautstärkeunterschiede, besondere Artikulationsweisen u.a. in sich aufnehmen. Es kann dem unbemerkten Vor-Üben und Ein-Spielen anstehender Spielaufgaben dienen. Es kann – einem Ritual gleich – Unterrichtsstunden eröffnen.

Teil II: UNTERRICHTSANREGUNGEN

1. Thema: Schau an, die Querflöte!

Die Kinder werden ihrem Wunschinstrument mit großer Neugierde und doch auch unsicher begegnen. Sie wollen der Querflöte Töne entlocken und entdecken, wie das Instrument funktioniert. Die Tonerzeugung ist aber für die Kinder noch schwierig, ihre Fähigkeit zur Atemführung noch gering. Deshalb bietet dieses Thema, das in den ersten Stunden seinen Platz finden wird, eine Vielzahl von Impulsen, die helfen, sich dem Instrument und seinem Spiel von verschiedenen Seiten her anzunähern. Wir nehmen uns viel Zeit zum Ausprobieren und Entdecken!

Die Abbildungen und Impulse im *Flötenheft* sollen die Phantasie der Kinder anregen. Wann genau das Heft im Unterricht zum ersten Mal eingesetzt bzw. den Kindern vorgelegt wird, entscheidet jede Lehrerin selbst. Sicherlich sind die Kinder gespannt und man wird das Heft gemeinsam betrachten und besprechen. Vielleicht stellen einige Kinder schon Vermutungen darüber an, was einzelne Bilder, bestimmte Texte, Notenbeispiele, grafische Zeichen usw. im *Flötenheft* bedeuten könnten.

Hinweise

- Die Kinder werden in den ersten Stunden sehr unterschiedlich reagieren und sich in der Geschicklichkeit, mit dem Instrument umzugehen, stark voneinander unterscheiden. Manche brauchen viel Zeit allein dazu, sich auf die neue Unterrichtssituation (Gruppen- oder Einzelunterricht) einzustellen. Geduld, genaue Beobachtung und Einfühlungsvermögen sind aufseiten der Lehrerin erforderlich.
- Aufgrund der anfänglichen Schwierigkeiten mit der Tonerzeugung sollte die Lehrerin die Experimentierfreude der Kinder nicht mit technischen Ratschlägen einengen. Die Spiele und Übungen des Themas helfen dem Kind, seinen eigenen Weg zum Klang zu finden.
- Auch wenn ein Kind noch keine eigene Flöte besitzt, kann es sich schon mit dem ersten Thema ausführlich beschäftigen.

Besondere Ziele / Aktivitäten

- Flötenteile, Handhabung und Pflege des Instruments kennen lernen;
- auf unterschiedlichen Flöten und flötenähnlichen Materialien blasen;
- Funktion der Klappen entdecken;
- unterschiedliche Flöten kennen lernen (fakultativ);
- selbst eine Flöte basteln (fakultativ).

Besondere Materialien

- Flöteninstrumente aus aller Welt (und ein Tuch, unter dem sie versteckt werden können);
- Materialien zum Anblasen: z.B. verschieden lange Röhren aus Bambus oder Installationsrohr, Flaschen, Filzstift- oder Füllerkappen, alte Schlüssel, geeignete Muscheln;
- Knetmasse oder kleine Korken und Klebstoff;
- Schnur oder Klebeband;
- evtl. Mundstück eines Blechblasinstruments.

Eine Unterrichtssequenz

1. Was gehört wohin?

FH 1
S. 4f.

Die Kinder öffnen ihren Flötenkasten und benennen mit Hilfe der Lehrerin die Teile der Querflöte: das Kopfstück (im Folgenden Flötenkopf genannt), das Mittelstück, das Fußstück. Am Flötenkopf befinden sich Mundloch und Mundlochplatte. Die Lehrerin zeigt, wie die drei Teile der Flöte zusammengedreht werden.

Falls die Kinder Flöten mit einem geraden und einem gebogenen Kopfstück haben, vergleichen sie beide Kopfstücke miteinander und stellen fest, dass das Instrument durch das gebogene Kopfstück kürzer wird.

„Was mag das für einen Sinn haben?"

Die Kinder setzen nun ihr Instrument zusammen und versuchen, es zu halten. Flöten mit gebogenem Kopfstück ermöglichen eine bequemere Haltung.

Wie kann man die Flöte mit ihren vielen Klappen anfassen? Welche Hand gehört wohin? Können die Finger überhaupt alle Klappen greifen? Finden alle Finger beim Halten des Instruments eine passende Klappe? – Beim Ausprobieren entdecken die Kinder, dass manche Klappen Tonlöcher schließen, andere solche öffnen, dass unter manchen Klappen gar keine Tonlöcher zu finden sind und dass es zusätzliche Hebel an der Flöte gibt.

Die Kinder bemühen sich, dem Instrument die ersten Töne zu entlocken. Alle Geräusche und Klänge sind willkommen.

„Woran erinnern euch die Klänge – an Wind, an eine Schiffssirene, an eine Eule ...?"

Vom vielen Blasen ist die Flöte innen ganz feucht geworden. Kondenswasser hat sich gebildet wie beim Hauchen an einen Spiegel oder an ein Glas. – Die Kinder entdecken Sinn und Zweck von Putzstab und Tuch.

Im *Flötenheft* finden die Kinder auch einige ungewöhnliche und lustige Flötenhaltungen. Sie können auch diese mit ihrer Flöte probieren.

Wer schon ein wenig lesen kann, wird vielleicht mit der Anregung auf S. 5 im *Flötenheft* etwas anzufangen wissen: Die Bezeichnungen der einzelnen Flötenteile sollen mit den abgebildeten Teilen der Flöte richtig verbunden werden. Diese Zuordnung kann auch später erfolgen.

2. Wunschkonzert

Die Kinder kennen gewöhnlich viele Lieder und sind gespannt, wie diese auf der Querflöte klingen. Jedes Kind darf sich ein Lieblingslied wünschen, dessen Melodie die Lehrerin dann vorspielt. Kennt sie ein gewünschtes Lied nicht, soll das Kind vorsingen; die Lehrerin spielt nach.

Das Wunschkonzert kann sich auch in ein Ratekonzert verwandeln: Die Lehrerin spielt bekannte Lieder vor, die Kinder erraten die Titel und singen mit.

Allen Melodien hören die Kinder erst einmal zu (mit geschlossenen Augen ist das besonders schön und intensiv!). Dann singen sie mit.

Hinweis: Im Zusammenhang mit dem Unterrichtswerk „Musik und Tanz für Kinder – Musikalische Früherziehung“ wurde das Poster „Unsere Kinderlieder“ geschaffen (Schott ED SKK 15-02). Es ist an zahlreichen Musikschulen zu finden und kann auch im Flötenunterricht eingesetzt werden. Das großformatige Farbposter zeigt eine Zusammenstellung von Bildmotiven bekannter Kinderlieder, die in der Begleitbroschüre erläutert und mit Spieltipps aufgeschlüsselt werden.

3. Allerlei zum Anblasen

Unterschiedliche Materialien zum Anblasen und verschiedene Flötentypen liegen unter einem Tuch versteckt bereit: Flaschen, Muscheln, Kappen von Füllern und Filzstiften, alte Schlüssel mit Zylinderbohrung, Röhrchen aus Bambus, Stücke von Installationsrohren (unten mit Knetmasse oder Kork verschlossen), Trommelflöte, Flöten aus dem Bereich der Volksmusik verschiedener Länder, Blockflöte, Schnabelflöte u.ä.

Die Kinder greifen vorsichtig unter das Tuch, ertasten einzelne Gegenstände und beschreiben Größe, Form, Material usw. Dann versuchen sie, die unterschiedlichen Flöten und Materialien anzublasen. Dabei ist – mit Hilfe der Lehrerin – vieles zu entdecken und zu beschreiben:

- Zum Erzeugen eines Tones muss eine Anblaskante vorhanden sein.
- Die Art des Anblasens hängt von der Größe des Mundlochs ab. Anblasdruck und Lippenstellung müssen sich darauf einstellen.
- Unterschiedliche Tonhöhen hängen von der Größe des Klangerzeugers ab.

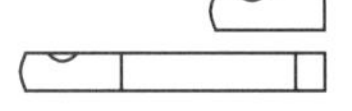

Die Kinder spielen abwechselnd auf diesen Materialien, aber natürlich auch auf dem Querflötenkopf oder wieder auf der ganzen Flöte. Sie vergleichen die Erfahrungen und üben das Anblasen.

4. Lied von den Dingen zum Anblasen – Mit ein bisschen Glück und Blastalent

Jedes Kind wählt einen Gegenstand zum Blasen aus. Die Lehrerin singt das „Lied von den Dingen zum Anblasen“. Alle Kinder spielen anfangs bei den im Lied bezeichneten Stellen auf ihren „Blasdingen“.

- Dabei können bereits Strophen mit wechselnder Spielaufforderung („leise“, „laut“, „kurz“, „hell“ ...) gesungen und gespielt werden.
- Auch die Kinder können sagen, wie die Töne klingen sollen.
- Für den im Lied vorgesehenen „Applaus“ ist ein bestimmter Rhythmus notiert, der mit den Kindern zusammen auch abgewandelt werden kann.
- Der Rhythmus kann (später) auch auf der Flöte gespielt werden.
- „Auch wenn mal kein Ton erklingt ...“ – man darf diese Zeile, die zurück zum Anfang des Liedes führt, jedes Mal singen – ob nun das vorangegangene Tonergebnis zufriedenstellend war oder nicht.

Nachdem die Kinder das Lied gelernt und auf allerlei „Blasdingen“ gespielt und geübt haben, kann – eventuell in einer folgenden Stunde – mit Zeile 3 des Liedes ein einzelnes Kind aufgefordert werden, solistisch den jeweils geforderten Ton zu spielen.

5. Lippen lockern

Zum Spüren und Lockern der Lippen probieren wir zwischendurch den „Trompetenansatz“ aus:

- Wir lassen die Lippen beim Ausatmen gegeneinander flattern: „bhrrrr ...“.
- Wir spielen auf diese Weise in beidseitig offene Röhren hinein, auch in die Querflöte ohne Kopfstück oder – falls vorhanden – sogar in das Mundstück eines Blechblasinstruments.

6. Die Flöte wird wieder eingepackt

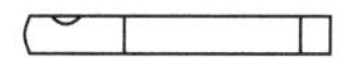

Nach dem vielen Ausprobieren und Erkunden versuchen die Kinder noch einmal, der ganzen Flöte Töne zu entlocken. Anschließend schauen sie von unten in das Instrument: Es ist jetzt wieder beschlagen und feucht. Die Lehrerin zeigt, wie die Kinder die Flöte wieder auseinander drehen, mit Stab und Tuch putzen und dann in den Flötenkasten packen können.

Hinweis: Das Aus- und Einpacken der Flöte soll ein wichtiges „Zeremoniell“ im Unterricht und zu Hause werden.

7. Anregungen für zu Hause

FH 1
S. 6

Im *Flötenheft* steht dem Kind eine ganze Seite zur Verfügung, um sich selbst mit der Querflöte zu malen. Vielleicht wollen einzelne Kinder dies gleich zu Beginn des Instrumentalunterrichts tun – andere später.

Und noch eine wichtige Hausaufgabe: Die Kinder sollen Gegenstände, auf denen man wie auf der Querflöte blasen kann, suchen und in die nächsten Unterrichtsstunden mitbringen. Anregungen dazu finden sie im *Flötenheft*.

Hinweis: Das Ausprobieren von „Blasdingen“, das Singen und Spielen soll sich im Unterricht fortsetzen. Auch einige Spiele und Übungen aus dem 2. Thema („Wir“) bieten sich für die Blaserfahrungen an.

Materialien zur weiteren Anregung

M 1.1 Mit ein bisschen Glück und Blastalent

Rudolf Nykrin

beim letzten Mal
G D C Am D
gibt es kräf - ti - gen Ap - plaus. (Beifall klatschen)
f
G D C Hm Am7 D7 G (C D7)
Auch wenn mal kein Ton er - klingt, sin-gen wir be - schwingt.
G D D7 G
Und das Lied ist aus! (alle blasen)

M 1.2 Wir basteln eine Flöte

Der Einblick in die prinzipielle Funktionsweise der Flöteninstrumente wird durch den Selbstbau so leicht erschlossen, dass man sich viele Erklärungen ersparen kann. Auch für die Lehrerin, die nicht zu den Hobbybastlern gehört, ist der Versuch sehr lohnenswert: Die Kinder entwickeln durch die Bastelerfahrungen ein ganz anderes Verhältnis zu ihrer „großen Flöte" und werden sie noch mehr schätzen. Außerdem gewinnen sie Einblick in die Art der Tonerzeugung und die Abhängigkeit der Tonhöhen von der Rohrstärke und -länge.

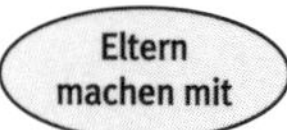

Bau einer Panflöte

Die Lehrerin, die Kinder und vielleicht Eltern haben verschieden lange Rohre vorbereitet. Es stehen zur Verfügung:

- Bambusrohre mit einem Außendurchmesser von ca. 1 bis 2 cm, die im rechten Winkel zum Rohr so abgesägt sind, dass ein Ende durch den Wachstumsknoten des Bambus verschlossen, das andere Ende offen ist;
- oder Kunststoffrohre mit demselben Außendurchmesser, die an einer Seite mit Knetmasse oder Wachs verschlossen werden;
- oder alte Filzstifte, deren Inneres vorsichtig entfernt wurde und die gleichfalls einseitig mit Knetmasse oder Wachs verschlossen werden.

Die Anblaskante kann mit Schmirgelpapier geglättet werden.

Kinder und Lehrerin blasen die unterschiedlich langen Röhren an und sortieren sie nach ihrer Tonhöhe. Dabei muss keine exakte Tonleiter entstehen. Jedem bleibt überlassen, wie viele Röhren seine Panflöte haben soll.

Sind die Röhren sortiert, kann man sie mit Schnur zusammenbinden und dann mit Leim bestreichen. Der Klebstoff ist nach etwa einem Tag (!) trocken. Ein bisschen Geduld ist nötig.

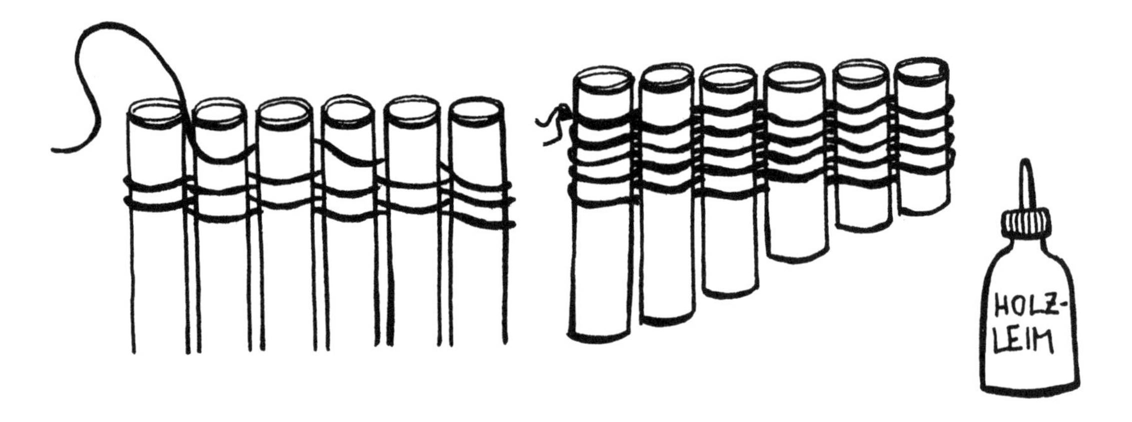

Die Röhren können aber auch auf zwei dünne Holzleisten aufgeklebt werden. (Je nach Material den passenden Kleber wählen!) Auch eine zusätzliche Fixierung mit Bindfaden ist möglich.

Beim Bau der Bambusflöte ist die Beziehung zwischen Rohrlänge und Tonhöhe besonders augenfällig.

„Wie werden eigentlich bei der großen Flöte verschiedene Rohrlängen gebildet?“ (Durch Öffnen und Schließen der Tonlöcher bzw. Klappen!)

Bau einer Querflöte aus Bambus

Eltern machen mit

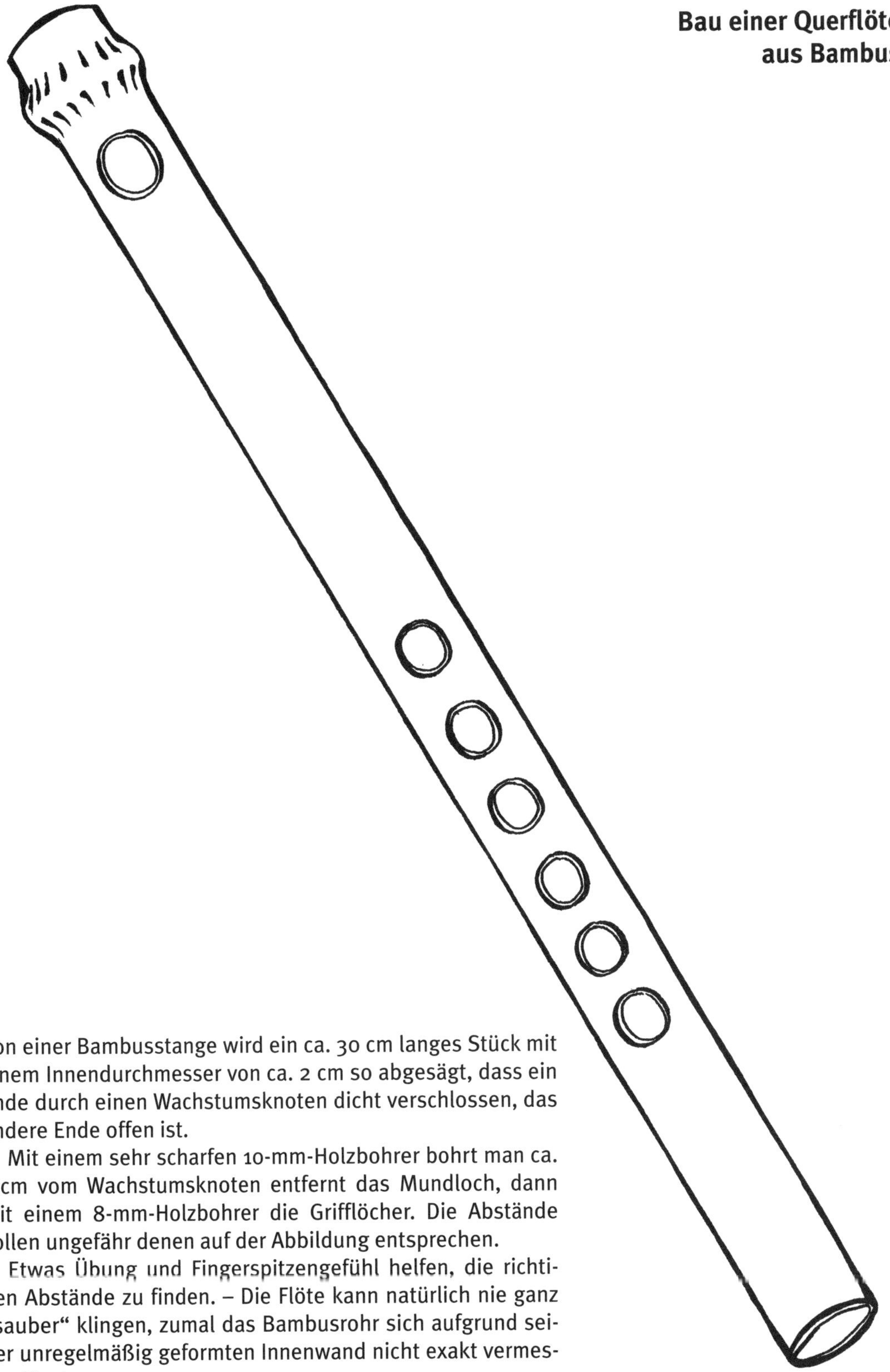

Von einer Bambusstange wird ein ca. 30 cm langes Stück mit einem Innendurchmesser von ca. 2 cm so abgesägt, dass ein Ende durch einen Wachstumsknoten dicht verschlossen, das andere Ende offen ist.

Mit einem sehr scharfen 10-mm-Holzbohrer bohrt man ca. 1 cm vom Wachstumsknoten entfernt das Mundloch, dann mit einem 8-mm-Holzbohrer die Grifflöcher. Die Abstände sollen ungefähr denen auf der Abbildung entsprechen.

Etwas Übung und Fingerspitzengefühl helfen, die richtigen Abstände zu finden. – Die Flöte kann natürlich nie ganz „sauber“ klingen, zumal das Bambusrohr sich aufgrund seiner unregelmäßig geformten Innenwand nicht exakt vermessen lässt.

M 1.3 Die Flötenfamilie und die Flöte in verschiedenen Besetzungen

Wie bei den Blockflöten gibt es auch bei den Querflöten verschieden große und damit in der Tonhöhe unterschiedlich klingende Instrumente. Außer der Sopranflöte bzw. Großen Flöte kennen die Kinder oft die kleine Piccoloflöte; seltener haben sie die Altflöte oder die Bassflöte gesehen.

Nicht jede Lehrerin hat die Möglichkeit, den Kindern alle Instrumente zu zeigen und sie ausprobieren zu lassen. Hier müssen Bilder aushelfen. (Es wird empfohlen, im Laufe der Zeit eine Sammelmappe mit entsprechendem Bildmaterial zu erstellen.)

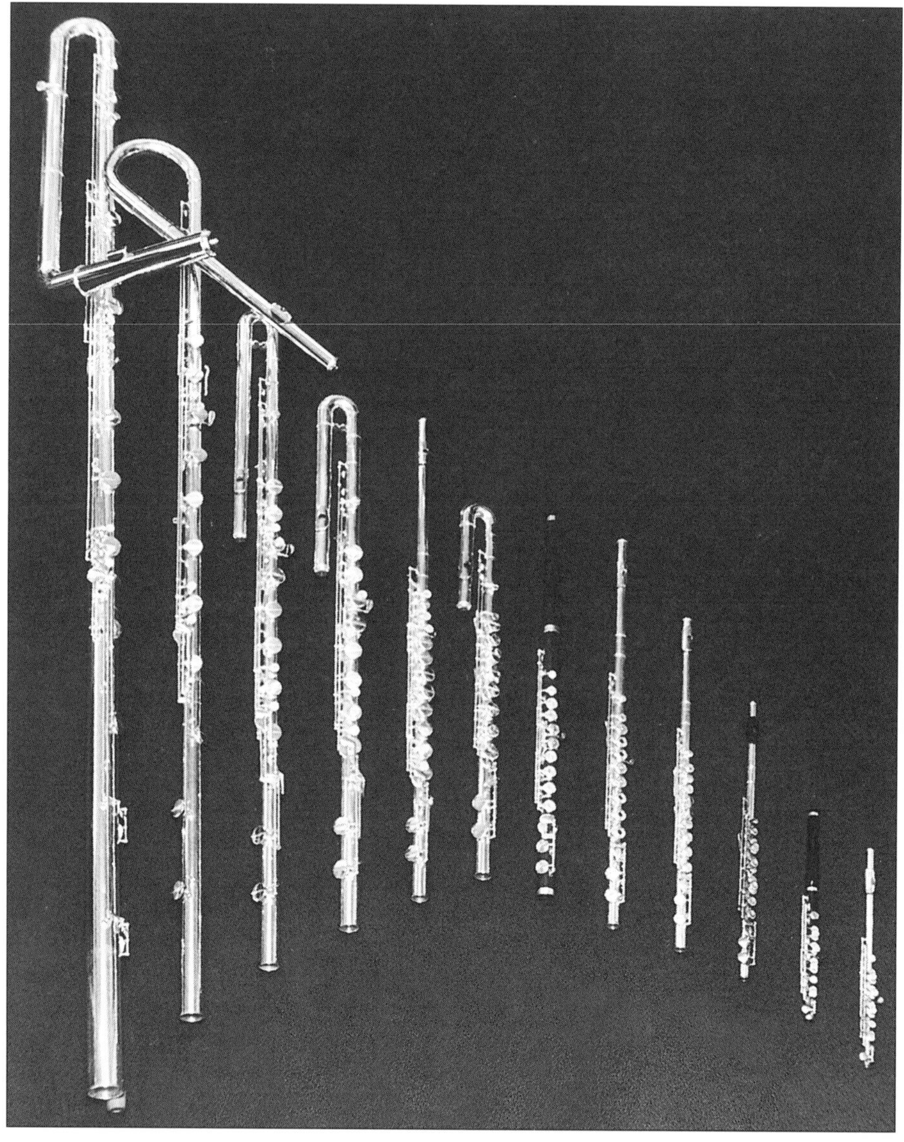

Flötenbauwerkstatt Christian Jäger, © Max Hieber Musikverlag, München
Mit freundlicher Genehmigung

Auch die Kinder können Bilder von Flöteninstrumenten suchen (z.B. in Zeitschriften, Prospekten) und sie in ihr *Flötenheft* (Randleiste S. 7) einkleben.

Mit welchen anderen Instrumenten spielt die Flöte zusammen – in Flötenensembles, Bläser- und anderen Kammermusikgruppen, Jazz-Combos, Popgruppen, Kammerorchestern, Sinfonieorchestern? Auch solche Bilder sollten gesammelt werden, z.B. im Unterrichtsraum auf einer Pinnwand. Darüber hinaus können Hörbeispiele angeboten werden.

M 1.4 Die Querflöte und ihre Geschichte

Die Flöte ist eines der ältesten Musikinstrumente der Welt. In Ägypten findet man sie bereits im 4. Jahrtausend vor Christus. Die ersten Querflöten waren aus Knochen, in die ein Mundloch und Tonlöcher gebohrt wurden:

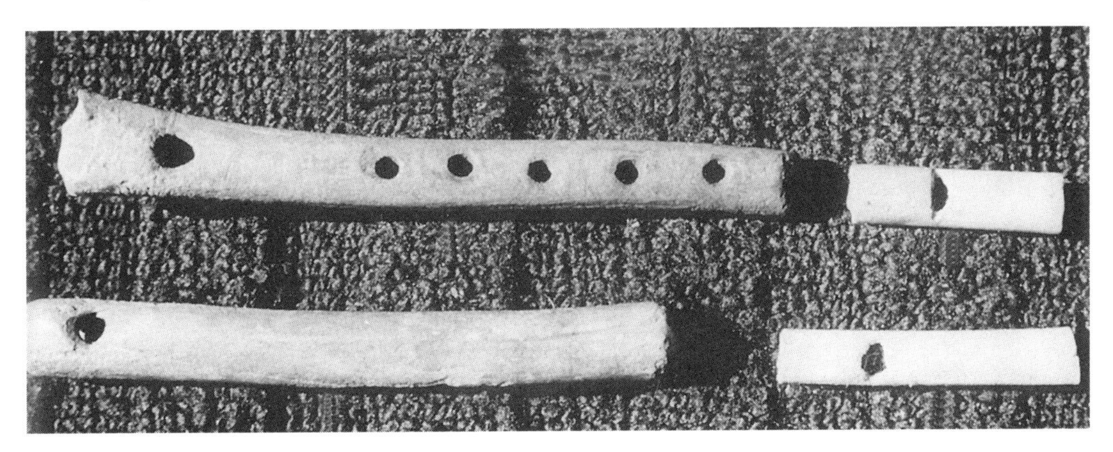

Knochenflöten, ungefähr 3000 Jahre alt

Im Laufe der Zeit konnten die Menschen handwerklich immer feiner arbeiten und daher auch anderes Material verwenden. Die Flöten wurden aus Holz geschnitzt und gedreht:

Das Bild trägt den Titel „Jouissance vous donneray" („Zufriedenheit sei euch gegeben") und ist gemalt vom „Meister der weiblichen Halbfiguren" um 1520.

Um die Handhabung der Flöte zu verbessern, kam man auf die Idee, an der Flöte Klappen mit kleinen Hebeln anzubringen. Die Finger mussten nun nicht mehr so weit gestreckt werden. Auch wurde versucht, Flöten aus unterschiedlichsten Materialien wie Elfenbein, Porzellan oder Kristall zu bauen:

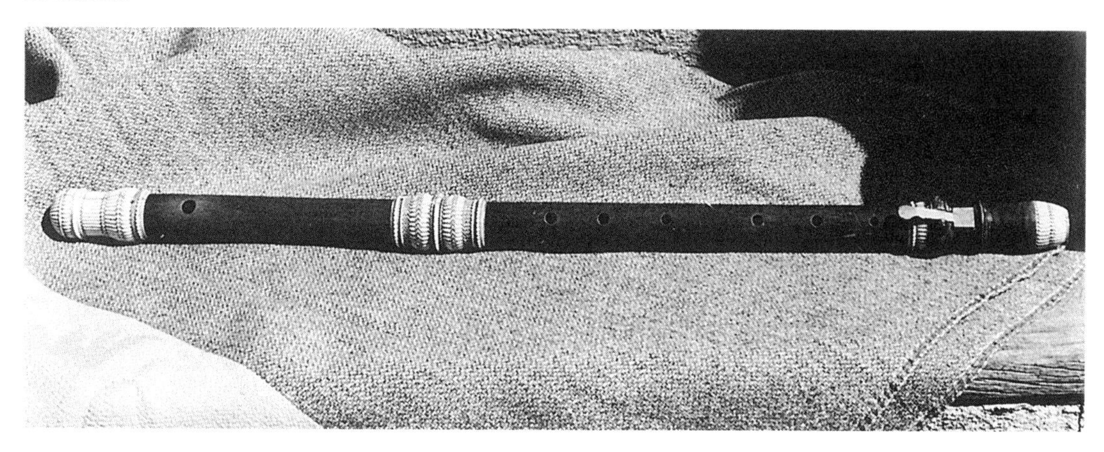

Einklappige Holzflöte, gebaut um 1700 von Rippert, Paris

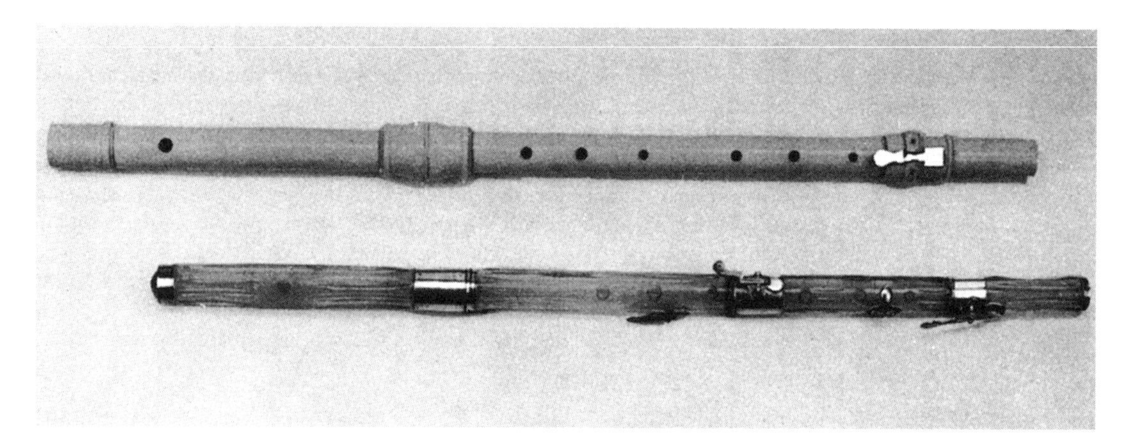

oben: Elfenbeinflöte mit einer Klappe von Rippert, Paris, Anfang 18. Jahrhundert
unten: Kristallflöte mit vier Klappen von C. Laurent, Paris 1816

Die Querflöte hatte jetzt zwar schon Klappen, aber – im Vergleich zur modernen Flöte – noch sehr wenige Löcher. Um das Spiel in verschiedenen Tonarten zu erleichtern, wurden Flöten mit verschieden langen Verbindungsstücken gebaut. Je nach Tonart konnte man die Flöte passend zusammensetzen:

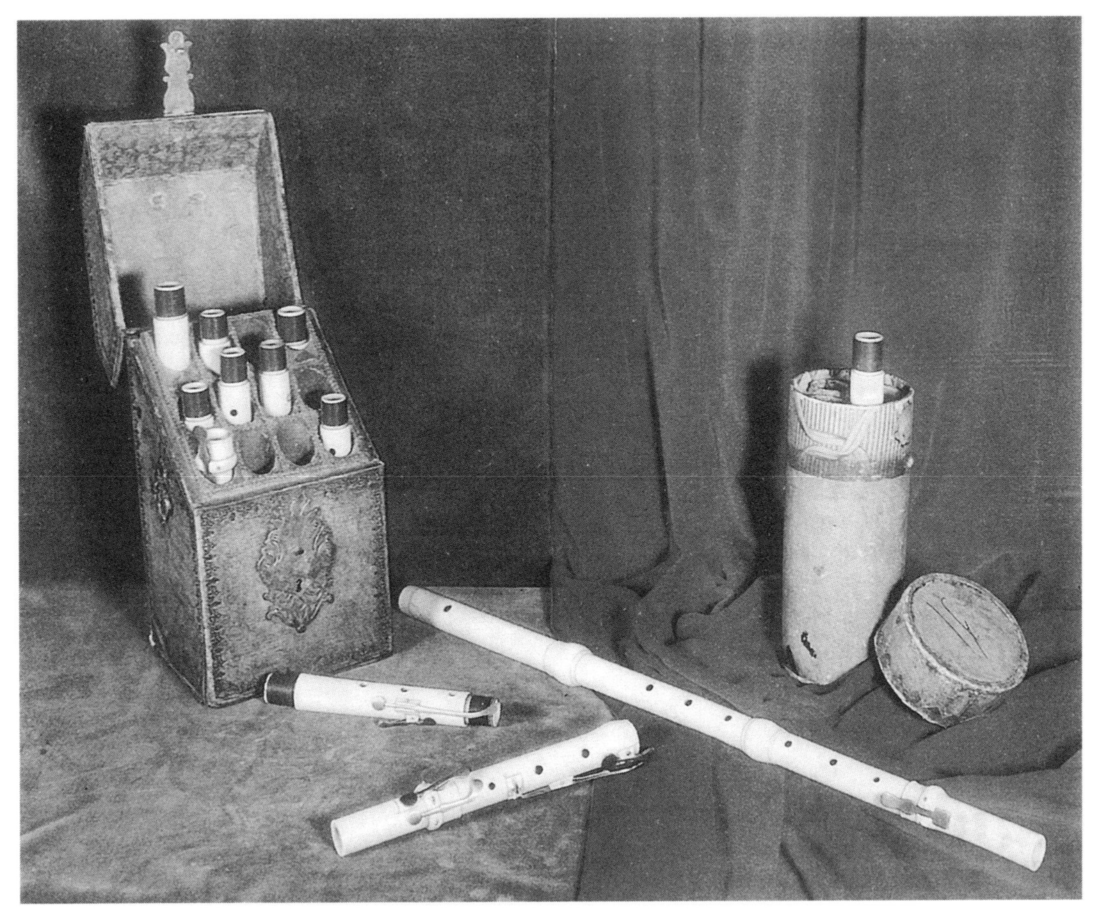

Querflöte mit zusätzlichen Verbindungsstücken und Köcher, Frankreich um 1750
links: Kastenförmiges Etui mit verschiedenen Teilen der Querflöte, Frankreich um 1780

Um 1800 hatte die Flöte acht Klappen und verfügte über einen Tonraum von drei Oktaven. Erst 1832 gelang es dem Flötenbauer Theobald Boehm, eine ganz neue Querflöte zu konstruieren und zu bauen: mit 15 Löchern und Klappen, die miteinander durch Gestänge verbunden waren. Hierdurch konnten mit einem Finger mehrere Klappen geschlossen werden. Der Vorläufer unserer modernen Flöte war geboren.

Buchtipp: F. Gaussin-Boudigues: „Die Flöte" („Mein Musikinstrument"), Solothurn 1989. Das Buch gibt mit Bildern, Zeichnungen und Texten einen umfassenden und gut verständlichen Überblick über Flöteninstrumente aus allen Kulturen und Epochen. In Geschichten und Märchen wird Kindern die Bedeutung der Flöte für die Menschen, die sie spielen und hören, nahe gebracht.

2. Thema: Wir

Wir, Kind und Lehrerin, Kinder und Lehrerin, wollen uns weiter kennen lernen und miteinander vertraut werden. Dass dies gerade zu Beginn des Unterrichts besonders gefördert wird, ist wichtig: Die Kinder sollen das Musizieren von Beginn an als ein Gruppenerlebnis erfahren. (Auch *zwei* Menschen können schon eine Gruppe, eine Gemeinschaft, bilden.)

Das gegenseitige Kennenlernen ist Voraussetzung für die Sicherheit und das Sich-Wohlfühlen im Unterricht. Es stellt die Basis für jeden positiven Lernprozess dar, ermöglicht Offenheit und die Intensität von musikalischen Erfahrungen.

Hinweis: Das Vertrauen aller Gruppenmitglieder zueinander braucht Zeit und Gelegenheiten zum Wachsen. Daher sollten Spiele zum Kontaktfinden im Unterricht immer wieder vorkommen. Ergänzende Anregungen finden sich im Materialteil.

Besondere Ziele / Aktivitäten
- vertiefendes Kennenlernen innerhalb der Gruppe;
- von Begrüßungsmotiven zu melodischen Motiven finden;
- kurze und lange, hohe und tiefe Töne bewusst hören und grafisch notieren;
- nach einer grafischen Partitur spielen.

Besondere Materialien
- Papier, Zeichenstifte;
- zwei Handtrommeln.

Eine Unterrichtssequenz

1. Kakadu im Rohr

Im *Flötenheft* findet sich ein Lied, das einige Kinder vielleicht schon aus der Musikalischen Früherziehung* kennen. Dort hatte die erste Strophe den Text:

> *Im Rohre sitzt ein kleiner Mann, hu - - a,*
> *und singt ein Lied, so gut er kann, hu - - a,*
> *kleiner Mann im Rohr, sing dein Liedchen vor.*

Wenn die Kinder das Lied kennen, soll die Lehrerin mit ihnen zunächst diesen Strophentext singen. Im anderen Fall singt die Lehrerin die beiden Strophen aus dem *Flötenheft* vor; die Kinder singen gleich nach. Zwischen den einzelnen Liedzeilen und am Schluss der ersten Strophe probieren sie, ihr Mundstück anzublasen, wobei sie die Tonhöhe durch Verschieben des Fingers (rechter Zeigefinger oder Daumen) im Rohr verändern.

Nach und nach werden die Namen der Kinder in der zweiten Strophe eingesetzt und jedes Kind spielt sein Solo vor.

---

* Vgl. „Musik und Tanz für Kinder – Musikalische Früherziehung", a. a. O., Kinderheft 3 „Kluger Mond und Schlaue Feder", S. 6f., und Lehrerkommentar II, S. 143ff.

FH 1
S. 10

2. Begrüßungen in Worten und mit Tönen

Wenn möglich, setzen wir uns im Kreis zusammen.

„Mit welchen Worten können wir uns begrüßen?“

Kinder und Lehrerin sammeln Möglichkeiten, die auf ihre Gruppe zutreffen, z.B.:

„Guten Tag, Peter!“
„Grüß Gott, Frau Schmidt!“
„Grüß dich, Brigitte!“
„Schön, dass du da bist, Florian!“

Einige der Ideen werden nun – ohne Worte – zum Klingen gebracht: durch Klatschen, Patschen oder Stampfen. Dadurch wird der Rhythmus der Worte, der sich durch verschiedene Betonung, durch unterschiedliche Silbenlängen, durch Pausen usw. ergibt, deutlich hörbar.

Dann werden die Motive auf dem Flötenkopf gespielt. Anschließend wird der Klang dieser Begrüßungen in die Luft gemalt – Tonlängen und Betonungen sollen dabei zu sehen sein.

Am Ende kann jedes Kind eigene Zeichen für Begrüßungsworte an die Tafel oder auf ein Blatt Papier malen. Verschiedene Lösungen treten nebeneinander, z.B.:

0 0 0 – 0
„Guten Tag, Pe - ter!“

– – – –
„Grüß Gott, Frau Schmidt!“

Auch im *Flötenheft* sind solche Motive grafisch notiert. Texte und Notationen stehen aber nicht passend nebeneinander. Die Kinder sollen Zusammengehöriges erkennen und mit farbigen Linien verbinden.

Kinder und Lehrerin spazieren im Raum umher. Jeweils zwei Kinder gehen aufeinander zu. Das eine Kind spielt auf dem Flötenkopf ein Begrüßungsmotiv; das andere versucht, die dazu passenden Worte zu sagen. Dann beginnt das Spiel wieder von vorne.

3. Wir unterhalten uns (und notieren die Tonhöhen)

Die Lehrerin beginnt singend eine Unterhaltung mit den Kindern. Sie singt – mit wenigen Tönen! – und jeweils zu einzelnen Kindern gewandt, z.B.:

„Wie geht es dir?“
„Was gab es heute zu essen?“
„Was machst du nach der Stunde?“
„Warum bist du heute so müde?“
„Was hast du heute in der Schule Lustiges erlebt?“

Bei allen diesen Fragen zeichnet die Lehrerin den Tonhöhenverlauf mit der Hand in die Luft. Die Kinder antworten singend und werden dabei auch das Mitdeuten der Tonhöhen aufgreifen.

Hinweis: Es kann durchaus sein, dass bei manchen Kindern zu diesem Zeitpunkt die Verbindung von Tonhöhe mit der optischen Vorstellungshilfe „hoch – tief" noch nicht angebahnt bzw. noch nicht gesichert ist. Die Lehrerin sollte daher aufmerksam prüfen, für welche Kinder diese Thematik neu ist. Unter Umständen muss den Übungen, bei denen die Tonhöhenunterschiede mit der Hand angezeigt werden, mehr Zeit eingeräumt werden.

Wir spielen einzelne Fragen und Antworten auch auf dem Flötenkopf mit unterschiedlichen Tonhöhen nach. Es gibt zwei Möglichkeiten:

1. Das offene Rohrende wird mit der rechten Handfläche ganz oder teilweise abgedeckt. (Das verschlossene, „gedackte" Rohr klingt eine Oktave tiefer.)
2. Der rechte Zeigefinger oder der Daumen wird verschieden weit in das Rohr geschoben. (Mit dieser Technik kann man den Tonumfang von ca. einer Quinte erreichen.)

Hinweis: Durch Verkürzen der Rohrlänge des Flötenkopfes und gedacktes Spiel sind in etwa folgende Töne erreichbar, wobei innerhalb des Quintraums die verschiedensten Halbtöne ausprobiert werden können, z.B.:

Beispiele (hier zur Vorstellung für die Lehrerin in präziser Notation):

(Notierte Töne sind nur Richtwerte: offenes Mundstück $\cong$ *a'*, gedacktes Mundstück $\cong$ *a*)

Die Kinder sollen sich selbst genau zuhören und ehrlich sein: Haben sie den Klang der Sprache wirklich gut „erwischt"? – Nicht gleich beim ersten Mal zufrieden sein!

Das Spiel auf dem Flötenkopf hat die Kinder auf die Möglichkeit verschieden hoher Töne aufmerksam gemacht. Die Tonhöhenverläufe sollen jetzt auch notiert werden. Wieder malen wir zunächst in die Luft, dann an die Tafel oder auf ein Papier. Jedes Kind malt so, wie es die Melodie empfindet. Zum Beispiel:

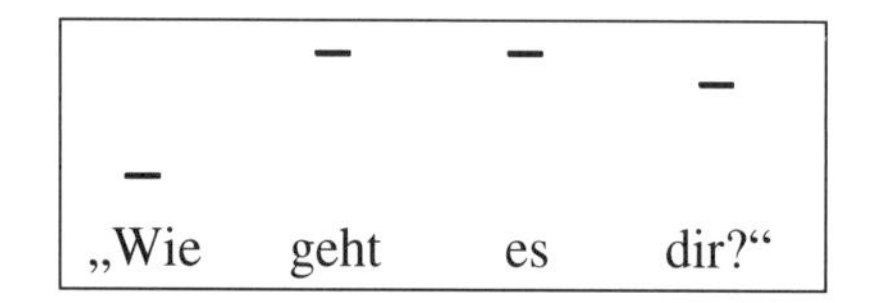

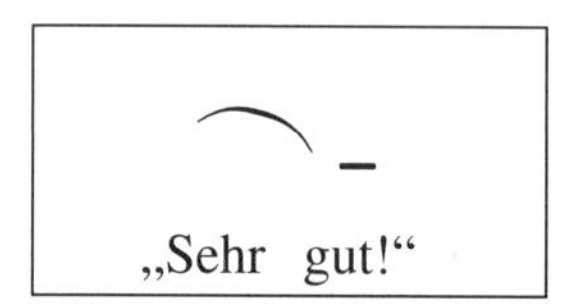

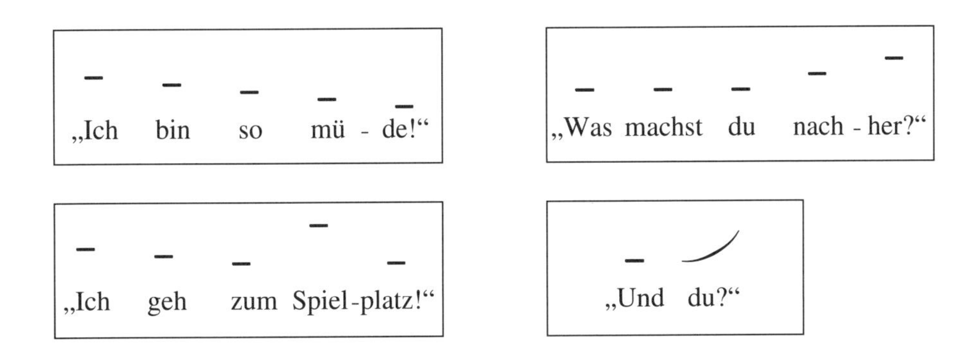

Im *Flötenheft* ist der Beginn eines Gespräches notiert. Wir sprechen und zeigen die notierten Tonhöhenverläufe mit. Darunter ist Platz zum Aufschreiben und Aufzeichnen. Dies kann in der Unterrichtsstunde oder als Hausaufgabe geschehen.

4. „Ich bring dir einen Ton“

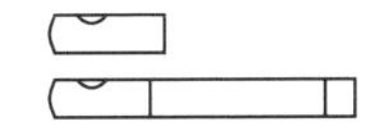

Jeder sucht sich mit der Flöte einen eigenen Platz im Raum. Zuerst wählt die Lehrerin einen Ton und „trägt ihn“ (eine entsprechende, behutsame Geste ist wichtig) – auf der Flöte blasend – zu einem Kind. Dieses horcht genau und versucht, diesen Ton auf seiner Flöte zu treffen. Es trägt ihn weiter zum nächsten Kind – oder zurück.

Sind nur zwei Mitspieler da, wird ein Ton vom Begegnungsort auf einem selbst gewählten Weg durch den Raum getragen und dann wieder zurück. – Alle Geräusche und Töne, die die Kinder schon spielen können, werden so auf den Weg geschickt.

Zu diesem Spiel, welches das Hören ebenso wie die Tonbildung fördert, können die Kinder viele *Varianten* finden, z.B.:

- einen Ton auf jeden Schritt spielen (Grundschlag);
- auf jeden Schritt einen anderen Ton spielen (hoch/tief, eine kleine Melodie usw.);
- ein sehr kurzes und bei jedem Schritt wiederholtes rhythmisches Motiv auf einem Ton spielen;
- Töne unterschiedlicher Lautstärke spielen u.a.

Auch das Überblasen auf dem gedackten Mundstück kann bereits einbezogen werden.

5. Wir hören einander zu und zeichnen die Klänge auf

Hier sollen die Kinder *bewusst* damit umgehen, dass Töne länger und kürzer, aber auch höher und tiefer klingen können. Hören und Notieren verbinden sich.

Die Kinder erhalten ein Blatt Papier oder suchen einen Platz an der Tafel. Zunächst werden die Räume, in denen hohe und tiefe Töne aufgeschrieben werden, mit „hoch“ und „tief“ bestimmt. Dann spielt die Lehrerin ein Motiv mit hohen und tiefen Tönen auf dem Flötenkopf, zunächst in der Tonhöhe klar unterschieden (offenes und ganz abgedecktes Rohr). Diese Tonfolge soll nun aufgeschrieben werden.

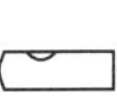

Die Kinder notieren z.B.

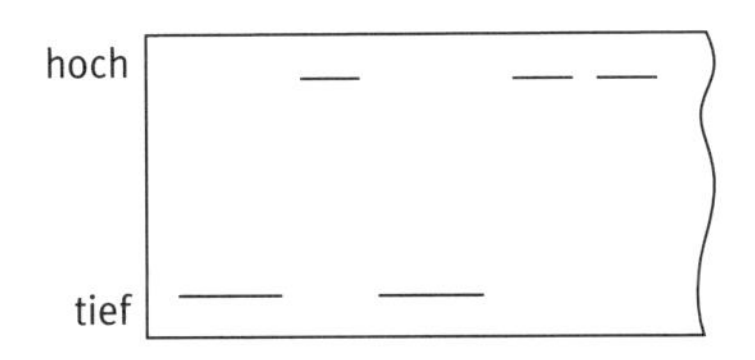

Ebenso kann jedes Kind ein Motiv erfinden und spielen – die anderen malen es auf.

Auf die gleiche Weise erfinden, hören und notieren wir Motive mit

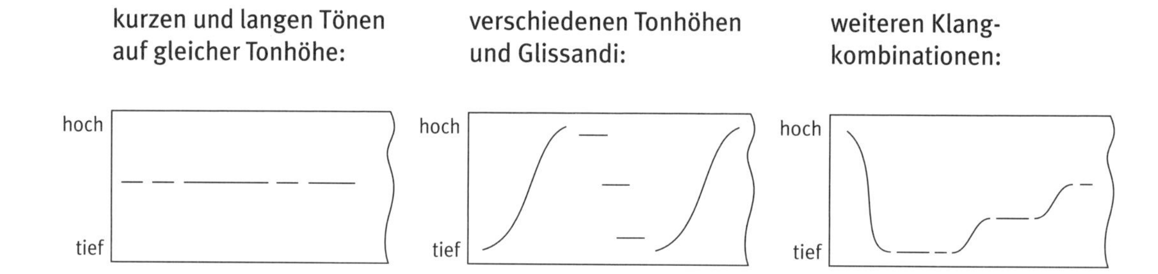

Im *Flötenheft* ist Platz zu weiteren Notationen.

Hinweis: Trotz aller Übungen und sogar Vorerfahrungen kann die grafische Fixierung von höheren und tieferen Klängen einzelnen Kindern noch Schwierigkeiten machen. Eine anschauliche und wirksame Hilfe besteht z.B. darin, an den oberen Papierrand einen Vogel o.ä., an den unteren Rand z.B. einen Bär oder einen Maulwurf zur Orientierung zu zeichnen.

6. Wir musizieren miteinander: Der Kakadu im Regenwald

Die Lehrerin singt mit den Kindern noch einmal die „Kakadu-Strophe" des Liedes (*Flötenheft*, S. 10).

Im *Flötenheft* findet sich eine ganz besondere Partitur. In grafischen Zeichen ist hier notiert, was der „Kakadu im Regenwald" erlebt.

Die Kinder spielen die Kakadu-Stimme auf dem Flötenkopf und die beiden unteren Stimmen auf Handtrommeln. Sie lesen den Titel des Stückes und überlegen, was die Zeichen bedeuten könnten, z.B. Laub raschelt, Regentropfen, der Kakadu ...

Alle Stimmen des Stückes sollen gleichzeitig erklingen: Die Rollen werden verteilt; es wird nach der Partitur gespielt – dann Rollenwechsel.

Hinweise
- Beim Spielen sollte man sich so viel Zeit lassen, dass sich eine spannende Musik entwickeln kann.
- Die Kinder können selbst weiter überlegen und musizieren, was im Regenwald noch geschieht.

7. Unsere Gruppe – und eine Anregung für zu Hause

Wir überlegen uns noch einmal, wer in unserer Gruppe ist:
- Die Namen aller Mitspieler können evtl. im *Flötenheft* (Umschlaginnenseite) eingetragen werden.
- Die Lehrerin kann ein kleines Foto von sich mitbringen und es – in Absprache mit jedem Kind – gleichfalls vorne (oben rechts) in das *Flötenheft* kleben.

Der freie Platz im *Flötenheft* (S. 12) regt dazu an, das Kakadubild weiter auszugestalten und dazu Klänge zu malen, die das Kind auf der Flöte spielen kann.

Spielstücke und Musizieranregungen im Flötenheft

Das 1-Ton-Lied

FH 1
S. 13

Im *Flötenheft* steht das „1-Ton-Lied" und es gibt Platz, um die „Melodie" dieses Liedes noch einmal zu notieren. Durch Vorspielen und Vorsingen der Lehrerin und dann durch Mitsingen lernen die Kinder das Lied ganz schnell. Danach können sie es zunächst auf dem Mundstück, anschließend auf der ganzen Flöte spielen.

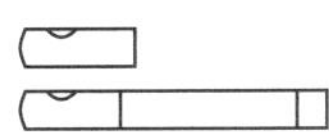

Hinweis: Der Lehrerin und den Kindern wird hier Spielraum gegeben, mit *welchen* Tönen auf der ganzen Flöte musiziert wird! (Viele, doch nicht alle Lehrerinnen beginnen mit den Tönen *g'*, *a'* und *h'*.) Die von der Lehrerin persönlich ausgewählten Griffe und Töne werden jeweils in die leeren Griffbilder und die benachbarten kurzen Notenzeilen im *Flötenheft* eingetragen.

Weil das Notenschreiben des „1-Ton-Liedes" längere Zeit in Anspruch nimmt, kann das Lied von den Kindern eventuell zu Hause fertig geschrieben werden.

Damit das „1-Ton-Lied" nicht „eintönig" wird, kann man es abwechslungsreich gestalten! – Beispiele:

- Zwei 1-Ton-Musikanten arbeiten zusammen. Sie spielen die einzelnen Liedphrasen abwechselnd und vielleicht die letzte gemeinsam.
- Noch kleinere Melodieabschnitte werden abwechselnd musiziert: Nach vier oder zwei Tönen oder einem Ton wechseln sich die Kinder ab. (Zur Hilfe kann die Lehrerin oder ein Kind den Text mitsprechen.)
- Zwei 1-Ton-Musikanten wechseln sich ab – jeder spielt aber einen anderen Ton.
- Zwei Musikanten spielen gleichzeitig – jeder einen anderen Ton. Welche Töne schmiegen sich aneinander, welche reiben sich?
- Die Lehrerin spielt und stellt die Höraufgabe: „Auf welchem Ton habe ich das Lied gerade gespielt?"

Hinweis: Auf S. 226f. dieses Handbuchs befinden sich zwei *Arbeitsblattvorlagen mit leeren Griffbildern*, die von der Lehrerin nach eigenem Ermessen im Unterricht eingesetzt werden können. Das Blatt mit den Notenzeilen ermöglicht es, den Kindern gelegentlich folgende Aufgaben zu stellen:

- Griffe werden von der Lehrerin eingetragen, das Kind schreibt die zugehörige Tonfolge auf.
- Von der Lehrerin wird die Tonfolge notiert, das Kind ergänzt die Griffbilder.

Das 2-Töne-Lied

FH 1
S. 13

Wie kann der Rhythmus des Textes auf *zwei* Töne, die die Kinder sicherlich bald spielen können, verteilt werden?

Zuerst wird gesungen, dann werden auf der Flöte verschiedene Lösungen probiert, bis eine Festlegung und wiederum eine Notation im *Flötenheft* erfolgt.

Rhythmusstraßen mit Viertelnoten, Achtelnoten, Viertelpausen

Mit den im *Flötenheft* festgehaltenen Aufgabenstellungen greift der Spielplan Kenntnisse auf, wie sie in Musikalischer Früherziehung und Grundausbildung von den Kindern erworben werden konnten. In diesem Fall rufen die „Rhythmusstraßen" bereits Erlerntes (wenn vielleicht auch nicht mehr in Gänze Verfügbares) bei den Kindern wach und halten sie zur Übung an. Auch die „Rhythmussprache" (vgl. Handbuch, S. 29f.) kommt wieder ins Spiel.

Bei Kindern ohne Vorkenntnisse wird die Lehrerin einzelne Felder kombinieren, gegebenenfalls die „Rhythmussprache" einführen und erst allmählich ganze „Straßen" als Aufgaben stellen.

Man kann die Rhythmen („Straßen") sprechen, klatschen, mit einem Ton auf der Flöte spielen und mit zwei Tönen sogar kleine Melodien bilden.

Die „Rhythmusstraßen" fördern in der abgedruckten Form rhythmische Fähigkeiten, wie sie ab S. 20 des *Flötenheftes* erforderlich sind. Die vorbereitende Beschäftigung damit sollte entsprechend früh beginnen.

Texte zum Sprechen und Spielen auf der Flöte

Die Texte „Eine alte dicke Ente" und „Ein Nilpferd, rund und kugelig" regen wiederum zum Spiel auf der Flöte mit verschiedenen Tönen an.

Eine alte dicke Ente

Der Text erschließt sich bei jüngeren Kindern besonders im Bewegungsspiel: Die Lehrerin spricht den Text und geht mit schweren „Entenwatschelschritten" (♩ = ein Schritt) voran. In den Pausen bleibt sie stehen und schnauft. Kinder folgen im „Entenmarsch". Dabei gehen alle in die Knie und belasten beim Auftreten jeweils die ganze Fußsohle. Das Gehen mit dem tiefen Schwerpunkt kombiniert mit dem Ausschnaufen bewirkt eine tiefe Zwerchfellatmung. Wenn die Kinder den Text und die Pausen gut kennen, wird der Rhythmus des Textes auf der Flöte gespielt, wozu man wiederum (aufrecht) gehen kann.

Hinweis: Der Text darf zunächst rhythmisch frei gestaltet und empfunden werden. Führt man Schritte dazu aus, wird sich – bei den ersten vier Zeilen – wie von selbst ein Metrum einstellen, wobei u.a. eine der folgenden Lösungen nahe liegt:

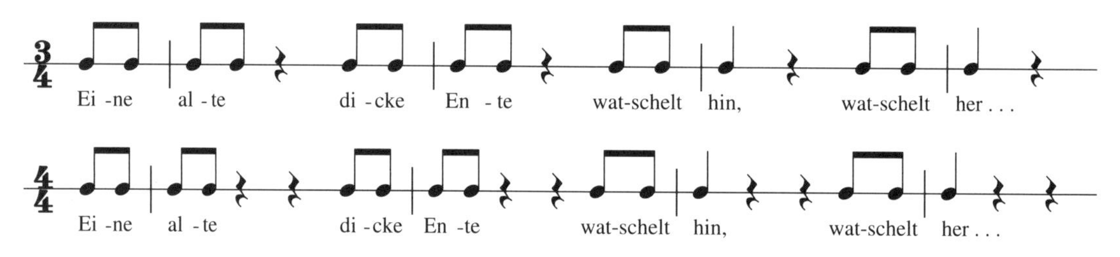

Im Fortgang des Gedichts (etwas schneller/noch schneller) kommt es zu einer freieren Gestaltung und eher zu einer Anlehnung an den $^2/_4$-Takt.

Ein Nilpferd, rund und kugelig

Dieser Text mag besonders etwas ältere Kinder ansprechen, da hier auf physikalische Gegebenheiten hingewiesen wird. Der Sprech- und Bewegungsteil soll in deutlich langsamerem Tempo ausgeführt werden. Die „Stapfschritte" können auch auf den Oberschenkeln gepatscht werden. Zunächst füllen Trommelschläge (♩) die Pausen, um deren Zeitdauer zu klären; später sind die Pausen „stumm".

Hier eine rhythmisch ausnotierte Fassung – zur Orientierung für die Lehrerin, aber vielleicht auch zum Spielen für interessierte Kinder mit entsprechenden Vorkenntnissen: 

Wolfgang Hartmann

Materialien zur weiteren Anregung

Kennenlernen

M 2.1 Wenn ich richtig fröhlich bin

Wolfgang Hartmann

* Hier macht ein Kind etwas vor, was die anderen gleich mitmachen. Man kann z.B. klatschen, schnipsen, hüpfen, tanzen oder lustige Geräusche auf dem Flötenkopf hervorbringen.

M 2.2 Ein leichtes Geburtstagslied

überliefert; Text- und Melodiefassung: Rudolf Nykrin

Das kleine Geburtstagsständchen hat nur fünf Töne und kann als Kanon gespielt werden. – Welches Kind hat als nächstes Geburtstag?

Körper, Finger

M 2.3 Ein Marionettenspiel

Die Lehrerin hat eine Marionette (Gliederpuppe) mitgebracht und stellt sie den Kindern vor. Kinder und Lehrerin überlegen und probieren aus, wie sie sich selbst bewegen würden, wenn sie Marionettenfäden an ihren Gelenken hätten (z.B. am Handgelenk, am Ellenbogen, am Knie oder an der Schulter).

Zu zweit: Ein Kind übernimmt den Part des Marionettenspielers, das andere den Part der Marionette. Vielleicht kann der Marionettenspieler seine Puppe zum Schluss sogar pantomimisch Flöte spielen lassen?

Hinweis: Dieses Spiel eignet sich gut dazu, Eltern einzubeziehen. Die Kinder spielen gerne bei ihren Eltern Marionette, aber fast noch lieber bewegen sie, als Marionettenspieler, ihre Eltern. Wenn die Eltern sich auf Stühle setzen, können die Kinder deren Arme, Hände und Finger bewegen.

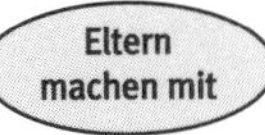

M 2.4 Ein Lied für unsere Finger

Wie wäre das eigentlich, wenn an jedem einzelnen Finger ein Marionettenfaden befestigt wäre? – Kinder und Lehrerin versuchen, einzelne Finger mittels vorgestellter „Fäden“ zu bewegen: Daumen, Ringfinger, Zeigefinger usw. Bei manchen Fingern ist dies sehr schwer und muss geübt werden.

1. Dau-men, Dau-men, wo bist du? Hier bin ich! Hier bin ich! Gu-ten Tag, gu-ten Tag, gu-ten Tag.
2. Zeigefinger . . .
3. Mittelfinger . . .
4. Ringfinger . . .
5. Kleiner Finger . . .
6. Alle Finger, wo seid ihr? Hier sind wir! . . .

überliefert

Die Lehrerin singt die einzelnen Strophen des Liedes. Die Kinder schließen eine Hand und bewegen dann den Finger, der in der jeweiligen Strophe genannt wird, zum Rhythmus des Liedes auf und ab.

Beim Wiederholen der Strophen singen die Kinder gleich mit. Bald kann ein Kind Vorsänger sein und bestimmen, welcher Finger aufgerufen wird.

Atemspiele

M 2.5 Spüren im Bereich der Lendenwirbel – „Atemstelle“

Zwei Kinder stehen nebeneinander. Ein Kind legt seine rechte Handinnenseite im Bereich der Lendenwirbel an den Rücken des anderen Kindes und führt es dann mit leichtem Händedruck durch den Raum. Das geführte Kind soll die Kontaktstelle gut spüren. Zuerst ein langsames Tempo wählen, dann vorsichtig beschleunigen.

Anschließend Wechsel: Das geführte Kind geht rückwärts, schiebt mit dem Rücken das andere Kind und wird dadurch zum Führenden.

An die Übung, die den Lendenwirbelbereich bewusst spürbar macht, können Spiele zur Atemerfahrung angeschlossen werden.

M 2.6 „Luftballon“ und „Gummipapagei“

Aufstellung im Raum: Jeder hat so viel Platz, dass er die Arme bequem ausstrecken kann.

> „Stellt euch einen großen Luftballon vor, der leer und schlaff auf dem Boden liegt. Jetzt wird er aufgeblasen. Schub um Schub wird er mit Luft gefüllt und wächst.“

Wir selbst sind der Luftballon. Wir hocken (kauern) auf dem Boden. Mit jedem Einatmen wachsen wir ein Stück, sacken aber beim Ausatmen jedes Mal ein wenig zusammen. Das Ausatmen soll gut hörbar sein.

> „Könnt ihr spüren, wie ihr beim Einatmen innerlich immer weiter werdet ...?“

Ist der Luftballon zu stark gefüllt, so „platzt“ er und sackt mit einem kräftigen „Bffff“ wieder zusammen.

Bei der Spielvariante „Gummipapagei“ liegt ein einzelnes Kind als „luftleerer Gummipapagei“ auf dem Boden. Einzelne Körperteile werden von einem oder mehreren Mitspielern mit kräftigen „Pffffs“ „aufgepumpt“ und jeweils mit einem (imaginären) Stöpsel verschlossen. Der „Gummipapagei“ selbst entscheidet, ob „der Stöpsel hält“ oder ob die Luft unvermutet mit einem lauten „Bffrrr“ aus diesem und jenem Körperteil wieder entweicht, wobei das Gummitier in sich zusammenschrumpft. (Dieses Spiel darf nicht zu lange gespielt werden, damit niemandem schwindelig wird!) Zum Schluss werden die „Flügel hochgeblasen“, „die Luft hält“ und der „Gummipapagei“ fängt an, sich zu bewegen. Dann kommt er wieder zum Stehen und die Mitspieler ziehen einen „Stöpsel“ nach dem anderen wieder heraus. – Rollentausch.

M 2.7 Wir spüren unsere Fingerkuppen

Mit einem kurzen Atemstrom („bh“, „dh“, „ph“, „th“) bläst man einzelne Fingerkuppen an. Ist es immer das gleiche Gefühl? Welche Unterschiede gibt es?

Partnerspiel: Ein Kind schließt die Augen und hält die Hände mit gestreckten und gespreizten Fingern vor sich in die Luft. Ein anderes bläst eine bestimmte Fingerkuppe an. Dieser Finger muss eingezogen werden.

- Welcher Finger war es?
- Und wie wurde er angeblasen?
- Kann das Kind seinen Finger, ohne ihn zu sehen, mit Worten genau bezeichnen?

M 2.8 Atemspürspiel

Zwei Kinder spielen zusammen. Ein Kind hebt die Hände, so dass die Handflächen nach vorne zum anderen Kind zeigen. Dieses bläst durch einen Trinkhalm mit dem Atem eine Form auf eine Handfläche, die durch Spüren erraten werden soll: bei jüngeren Kindern z.B. Kreis, Rechteck, bei älteren Kindern Buchstaben. Und wie fühlt sich ein zarter Wind im Gesicht an?

M 2.9 Mit Seifenblasen

Das Pusten von Seifenblasen ist bereits ein Atemspiel. Eine besondere Variante ist „Die Seifenblase, die nicht fortfliegen will!" – Man bläst so vorsichtig in den Ring des Seifenblasenspiels, dass sich zwar eine Seifenblase bildet, diese aber nicht fortfliegt. Wird mit dem Blasen aufgehört, strömt die Luft wieder durch den Ring zurück. Das ist zu spüren.

M 2.10 Mit einer Kerzenflamme

Eine Kerzenflamme kann man „streicheln" und tanzen lassen: Man bläst sehr vorsichtig in die Flamme, die sich wegbiegt oder auch zu flattern beginnt und ganz klein und blau wird. – Aber erlöschen soll sie nicht!

M 2.11 Linsenspiel

Große Linsen liegen auf dem Tisch. Mit einem Strohhalm versucht jedes Kind, jeweils eine Linse anzusaugen und dann in ein Schüsselchen zu tragen. Wer bringt in gleicher Zeit die meisten Linsen in seine Schüssel?

M 2.12 Mit verschiedenen Objekten

Papier: Wir halten – mit dem Trinkhalm pustend – ein dünnes Papierstück (z.B. Seidenpapier) an der Wand fest oder versuchen, es am Boden durch Blasen vorwärts zu bewegen.

Tischtennisbälle: Wir legen einen Tischtennisball auf den Tisch und blasen ihn mit dem Trinkhalm in verschiedene Richtungen (Tischecke, Tischmitte, zu einem bestimmten Kind, durch Tore, die durch Gegenstände gebildet werden usw.).

In gleicher Weise kann man sich auch Pustespiele mit japanischen Papierbällen, Wattebäuschen, Federn oder Blättern ausdenken. Die Kinder können beim Blasen stehen, sitzen oder auf Rücken oder Bauch liegen. Sie probieren sanftes und starkes, langes und kurzes Blasen sowie das Blasen in unterschiedliche Richtungen. Jedes Objekt reagiert anders.

M 2.13 Windbeutelrennen

Zum Windbeutelrennen wird eine „Rennmaschine“ benötigt: eine kegelförmige Papiertüte mit abgeschnittener Spitze. Durch das Loch wird eine dünne Schnur geführt, deren Enden an zwei Stellen so im Raum befestigt werden, dass sie gespannt und in Kopfhöhe der Kinder durch das Zimmer hängt. Mit gezielten Atemstößen in die Öffnung des „Windbeutels“ wird dieser über die „Rennstrecke“ getrieben. – Für einen Wettkampf kann man die Zeit stoppen oder zwei parallele Bahnen anlegen.

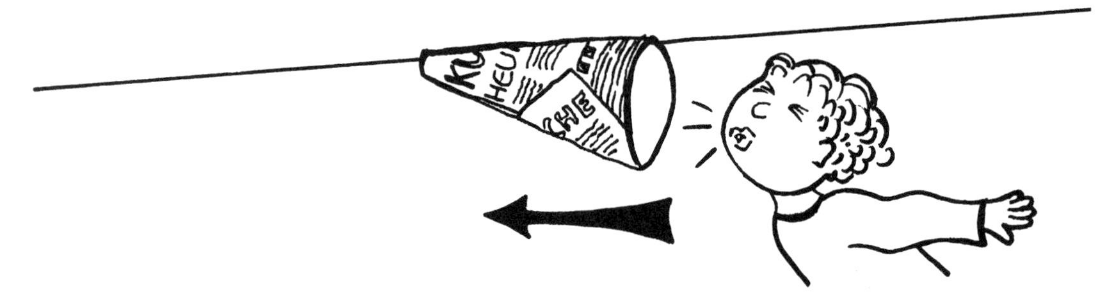

M 2.14 Unsere Hände treffen sich

Zwei Kinder stehen sich gegenüber und strecken die Handinnenseiten in Brusthöhe offen dem anderen entgegen. Mit hörbarem Ausatmen beugen sich beide nach vorne, bis sich die Hände treffen. Dabei geben sie das Gewicht nach vorne „in die Hände des Partners“ ab. Am Ende des Ausatmens drücken sie sich mit den Händen voneinander ab, bis das Gewicht wieder auf den Beinen ruht. Beim Abdrücken werden Bauch- und Atemmuskulatur entspannt und die Luft kann schnell und tief in den Körper einfallen (reflektorische Zwerchfellatmung).

Texte und Tonlängen

Texte unterschiedlichster Thematik sind geeignet. Man spricht kurze Abschnitte (Zeilen) und spielt den Rhythmus auf der Flöte (oder dem Kopfstück) nach, wobei man verschiedene Tempi ausprobieren kann, sich aber anfangs nur auf einen Ton beschränkt. Die Tonlängen können anschließend aufgeschrieben werden, wobei mit den Kindern passende Zeichen verabredet werden.

M 2.15 Wirrle, warrle, was ist das?

Wirrle, warrle, was ist das? Hinterm Ofen krabbelt was.
Ist kein Fuchs, ist kein Has. Wirrle, warrle, was ist das?
überliefert

Notationen könnten z.B. sein:

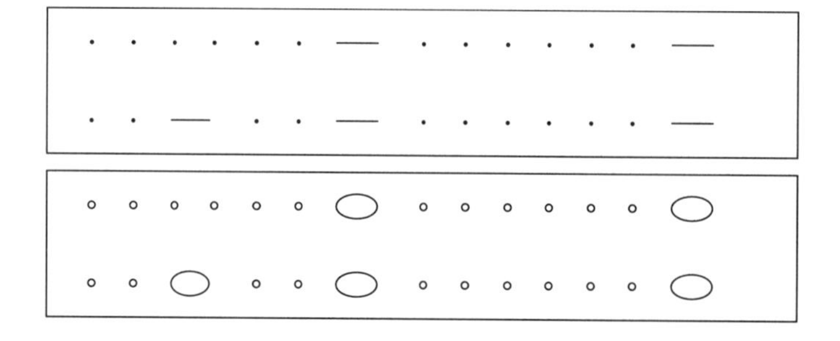

Und was könnte sich tatsächlich hinter dem Ofen verstecken? – Wir spielen zu unseren Einfällen auf möglichst spannende Weise auf dem Flötenkopf ...

Auch auf die *Sprachmelodie* kann man hören und sie Zeile für Zeile auf das Spiel mit dem Flötenkopf übertragen, auf dem auch (eingeschränkt) Melodiespiel möglich ist (s. S. 62). Später kann ein derartiges Gedicht mit wenigen Tönen auf der ganzen Flöte gespielt werden, wobei wiederum die Sprachmelodie einen Anhaltspunkt für den Melodieverlauf geben kann.

M 2.16 Nonsensvers

Ene mene ming mang wing wang ting tang
use wuse wapdick eie weie weg.
überliefert

Weitere Spiele mit Tonlängen (mit einem Ton beginnend)

M 2.17 Töne wandern ...

- *von einem zum andern*: Ein Ton wird so lange ausgehalten, wie der Atem bequem reicht. Wenn der Ton endet, greift ihn der Nachbar (Partner) auf und setzt ihn fort. Es soll möglichst keine Lücke entstehen.
- *von mir zu dir und dann zu ...*: Das gleiche Spiel. Nur deutet jeder Spieler jeweils durch Blickkontakt an, welches Kind (Lehrerin) den Ton fortsetzen soll.

M 2.18 Tönekette

Hier kann jeder Mitspieler einen Ton spielen – aber in beliebiger Länge und frei gewähltem Abstand zum vorherigen Spieler. Ob sich eine „schön klingende Tönekette" ergibt? – Töneketten können mit einem, zwei, drei ... Tönen gebildet werden.

M 2.19 Echospiel

Das auf S. 45 mit größerem Tonvorrat beschriebene Spiel kann schon mit wenigen Tönen oder einem rhythmisierten Ton begonnen werden.

M 2.20 Notenwerte verstecken

Man sitzt mit Blick auf die Tafel. Dort sind kurze rhythmische Verläufe in einem situationsentsprechenden Schwierigkeitsgrad aufgeschrieben. Die einfachste Möglichkeit heißt:

Die Kinder klatschen oder sprechen den jeweiligen Rhythmus oder spielen ihn auf der Flöte, wobei das Motiv *fortlaufend wiederholt* wird.

Nun verdeckt die Lehrerin eine Note:
- mit der Hand (das signalisiert: an dieser Stelle soll beim nächsten Mal Pause sein!),
- mit einem Kärtchen, auf dem eine Viertelpause gezeichnet ist (gleiches Ergebnis),
- mit einem Kärtchen, auf dem z.B. zwei Achtelnoten stehen (Rhythmus wird differenziert).

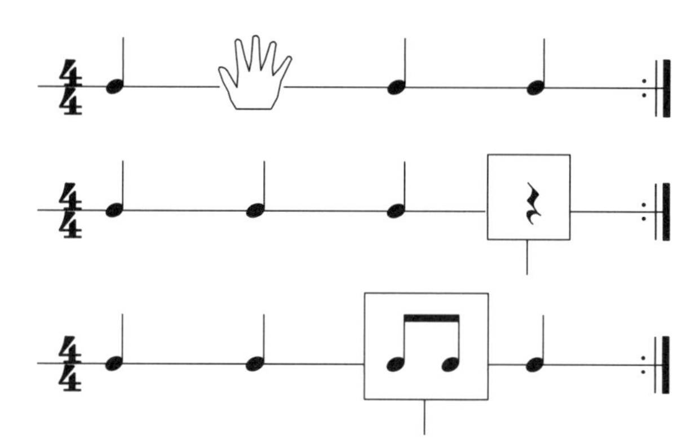

Entstehende Pausen können angedeutet werden, z.B. durch eine Klatschbewegung ohne Klatschen oder ein leichtes Senken der Flöte, um das innere Empfinden zu unterstützen.
Natürlich gehen bald auch Kinder zum „Notenverdecken" an die Tafel und „komponieren" auf diese Weise spontan verschiedene Rhythmen.

Vielfältige Differenzierungen sind möglich:
- Zwei oder drei Noten (Schläge) werden abgedeckt.
- Es können auch Achtelnoten verwendet, die Phrasenlängen vergrößert (zwei Takte) oder andere Metren (z.B. $^3/_4$-, $^5/_4$-Takt) zugrunde gelegt werden.

Auf dem Flötenkopf

M 2.21 Melodiespiele auf dem Flötenkopf

Eine Auswahl von Spielen in Stichworten:
- geeignete Lieder spielen (u.a. auch „Wir gratulieren dir"; s. S. 68)
- Echospiele
- erste Frage- und Antwortspiele
- „Gespräche" ...

Zum möglichen Tonumfang vgl. S. 62.

M 2.22 Kletterbüblein

Steigt das Büblein auf den Baum,
ei, wie hoch, man sieht es kaum!
Hüpft von Ast zu Ästchen,
bis zum Vogelnestchen.
Ui! Da lacht es.
Hui! Da kracht es.
Plumps! Da liegt es drunten.
überliefert

Die bekannte Geschichte können die Kinder spontan auf dem Flötenkopf begleiten. Auch die Stimme darf sich beteiligen. Dann sollen die Kinder die Geschichte *nur mit Klängen* erzählen. Grafisches Notieren der Klanggeschichte liegt nahe.

3. Thema: In unserem Musikzimmer

„Was ist das für ein Raum, in dem wir Flöte spielen lernen und gemeinsam Musik machen? Weil wir uns hier oft treffen werden, ist es wichtig, dass wir uns darin wohl fühlen! Wir werden den Raum mit Klängen füllen und uns im Raum zu den Klängen bewegen."

Hinweis: Leider ist nicht jeder Unterrichtsraum geräumig, hell und einladend. Oft muss man Kompromisse schließen. Vielleicht kann man dennoch etwas entdecken oder verändern, was den Raum interessanter und gemütlicher macht?

Besondere Ziele / Aktivitäten
- Raum erkunden und mit ihm weiter vertraut werden;
- Erfahrungen machen, wie man sich darin bewegen kann;
- diese Bewegungen auf das Flötenspiel übertragen;
- Unabhängigkeit der Finger üben;
- Zusammenhang von Körperhaltung, Atmung und Tonqualität erfahren;
- kleine Motive auf der Flöte zur Bewegung erfinden.

Besondere Unterrichtsmaterialien
Die Lehrerin hat den Raum auf die im Thema beschriebenen Spiele hin vorbereitet: Sie hat nach Möglichkeit Platz für Bewegung geschaffen und das, was diesmal im Unterricht zusätzlich gebraucht wird (z.B. andere Instrumente), an passender Stelle platziert.

Eine Unterrichtssequenz

1. Wo ist was?

Die Kinder drehen das Kopfstück der Flöte ab und legen es beiseite. Übrig bleibt das Flötenrohr, das jetzt als „Fernrohr" verwendet wird, mit dem einzelne Stellen des Raumes „angepeilt" werden.

„Was gibt es hier alles zu sehen?"
„Was alles kann hier im Raum klingen?"

Dieses und jenes wird genannt und mit dem „Fernrohr" angeschaut. Die Kinder entdecken dabei z.B. Tafel, Vorhänge, Türen, Fenster, Kassettenrekorder, Papier, Stifte, aber auch Instrumente.

Nach dem Entdecken und Betrachten wird vieles ausprobiert, z.B.:
- Auf die *Tafel* Noten, grafische Zeichen usw. malen – den (Vor-)Kenntnissen der Kinder entsprechend. Die Zeichen singen und soweit möglich auf der Flöte spielen.
- Hinter *Vorhängen* Töne auf der Flöte spielen. Wie verändert sich der Klang?
- An *Türen und Fenster* klopfen und darüber sprechen, worin sich die Geräusche unterscheiden (Klangfarbe, Tonhöhe). Ähnliche Klänge, soweit möglich, auf der Flöte versuchen.
- Auch auf *Schlaginstrumenten* „kurze Musik" spielen, die man auf der Flöte nachspielen kann. (Der Begriff „Motiv" kann im Verlauf des Spiels gebraucht werden.)
- Auf einem *Stabspiel* die Töne suchen, die die Kinder auf der Flöte schon spielen können. Vor- und Nachspielübungen, „Gespräche". Auf dem Stabspiel mit einem anderen Ton dem Flötenton antworten.

2. Durch den Raum

Hinweis: Die in dieser Spielsituation verwendeten Vorstellungshilfen sollen zu ganzkörperlichen Erfahrungen führen. In der darauf folgenden Situation („Klappenspiele") werden sie wieder benötigt – für die Bewegung der Finger.

Die Kinder sollen sich zunächst mit den Augen einen langen Weg durch den Raum suchen. Dann geht jedes Kind diesen Weg einmal ab und prägt ihn sich dabei gut ein.

> „Beim nächsten Mal wird auf eurem Weg einiges passieren! Hört, was ich ansage, und versucht, darauf zu reagieren!"

Die Kinder nehmen ihren Weg wieder auf:

„Der Boden ist ganz heiß!" (Die Kinder trippeln und versuchen, ihre Füße schnell vom Boden abzuheben.)

„Zeitlupe!" (Beine, Arme, der ganze Körper bewegen sich so langsam wie möglich.)

„Ihr müsst, ohne nasse Füße zu bekommen, einen Bach überqueren und von Stein zu Stein hüpfen!" (Die Kinder machen große Sprünge und balancieren ihren Körper gut aus.)

„Jetzt steht ihr auf einem Vulkan. In kurzen Abständen erzittert die Erde." (Die Kinder stehen gespannt; dann wieder zittert und zappelt der ganze Körper für kurze Zeit.)

3. Klappenspiele

Vorübungen

Die Kinder legen die Flöte mit dem Kopfstück auf die linke Schulter. Jeder Finger „sucht sich seine Klappe". Die Lehrerin hilft.

> „So wie ihr euch gerade im Raum bewegt habt, bewegen sich jetzt eure Finger!
> Alle Finger laufen schnell durcheinander – weil die Flöte ‚heiß' ist.
> Alle Finger bewegen sich in Zeitlupe, gleichzeitig oder nacheinander, und dabei öffnen und schließen sie sacht und langsam die Klappen.
> Die Finger, die weit voneinander entfernt sind, hüpfen und springen im Wechsel.
> Alle Finger sitzen fest auf ihren Klappen. Erst wenn ich es sage, zappeln sie los: der rechte Mittelfinger ..., beide Zeigefinger ..., alle Finger der linken Hand ..."

Manche Kinder wollen zu solchen Klappenspielen auch in die Flöte blasen. Das dürfen sie gerne tun.

> „Jetzt machen wir das Gleiche noch einmal. Aber wir horchen dabei in die Flöte hinein."

Die Kinder heben das Mundloch der Flöte an ihr linkes Ohr, wiederholen die Fingerbewegungen und horchen auf die Geräusche, die dabei entstehen.

> „Gelingt es euch, in der Zeitlupe so vorsichtig zu greifen, dass kein Geräusch entsteht?
> Wenn sich mehrere Finger *gleichzeitig* bewegen – hört ihr dann wirklich nur *ein* ‚Blop'?"

Halt die Klappe, Klapperschlange!

FH 1
S. 18

Die Abbildungen im *Flötenheft* regen dazu an, die Klappen der Flöte genauer zu betrachten und diejenigen, zu denen ein Finger gehört, bunt auszumalen. Dies gibt den Kindern Impulse, selbst wieder die Grundhaltung der Finger auf der Flöte zu finden (auch zu Hause).

Bei jedem Bild steht im *Flötenheft* ein rhythmischer Spruch. Er wird, nachdem die Kinder sich über die Detailhaltung einzelner Finger (-Gruppen) orientiert haben, als Fingerübung gespielt; der Text wird dazu gesprochen.

Hinweis: Manchmal ergibt sich die Möglichkeit, die Klappen in verschiedener Reihenfolge zu spielen. Eine Festlegung wurde hier nicht vorgenommen, kann aber durch die Lehrerin erfolgen, z.B.:

Klappenkurzgeschichte – der Mund hat Pause

Die kleine Geschichte in vier Stationen sollen die Kinder möglichst selbstständig im Klappenspiel auf der Flöte umsetzen.

Eine kleine Klappenklappermusik

Im *Flötenheft* finden die Kinder ein Stück mit „seltsamen Notenzeichen". Die Zeichen legen fest, wie zu spielen ist. Die Klappengeräusche lassen dabei auch die Tonhöhen anklingen und erzeugen aus sich heraus interessante Klänge, die nicht zuletzt in moderner Flötenmusik vorkommen.

„Was sind das bloß für Notenzeichen? Was ist eigentlich das Besondere daran?"

Zur Übung kann auf die unter dem Stück stehenden Elemente der Notation Bezug genommen werden: Die Lehrerin erklärt den Kindern, dass eine solche „Legende" oft bei Stücken, die ungewohnte Klänge verwenden, zu finden ist. Die in der Legende aufgeführten Elemente werden mit den Kindern geübt. – Das Stück selbst ist nicht als mehrstimmige Partitur gedacht, sondern in drei Zeilen fortlaufend zu lesen.

Erfindungen der Kinder zu Klappenklängen:

- Eigene „Klappenklappermusikstücke" improvisieren und komponieren (auch notieren) und im *Flötenheft* auf die Randleiste kleben.
- Sich eine Geschichte ausdenken, die mit Hilfe der Klappenklänge klanglich treffend illustriert werden kann.
- Auch der Text Hoffmann von Fallerslebens (*Flötenheft* 1, S. 23) kann eine Gestaltung mit Klappengeräuschen anregen.

Klapperspruch

Das altbekannte Sprachspiel kann von den Kindern auch auf den Klappen der Flöte „geklappert" und vielleicht mit helleren und dunkleren Klappenklängen differenziert werden.

4. Spielhaltungen und „Spielplätze" im Raum

Hinweis: Jede Körperhaltung beeinflusst die Atmung und somit auch den Flötenton. Wenn wir z.B. entspannt – mit leicht angezogenen Armen – auf dem Rücken liegen, kann der Atem frei fließen. Schon kleine Haltungsfehler, wie z.B. das Anspannen der linken Schulter, können bei aufrechter Haltung den freien Atemfluss blockieren. Damit sich die Kinder nicht an einseitige Fehlhaltungen gewöhnen, ist es wichtig, dass sie möglichst verschiedene Körperhaltungen für das Flötenspiel ausprobieren. Dabei können sie die Zusammenhänge von Körperhaltung und Atmung von wechselnden Körperhaltungen und damit „Körpergefühlen" ausgehend erleben. Eine in sich bewegliche und spannungsdurchlässige Haltung beim Flötenspiel wird angebahnt.

Jeder sucht sich einen Platz im Raum, wo er gerne spielen möchte, und nimmt dort eine bewusst gewählte Haltung ein, z.B.:
- an die Wand gelehnt;
- auf dem Tisch sitzend oder liegend;
- am Boden auf dem Rücken liegend;
- unter dem Tisch kauernd oder im Schneidersitz hockend usw.

Nun improvisiert in dieser Position jeder für sich auf der Flöte. Wenn ein Kind nicht mehr an seinem Platz bleiben und spielen will, wechselt es zu einem anderen. Dies ist das Zeichen, dass sich *alle* einen neuen „Spielplatz" suchen.

Die Kinder beobachten sich selbst bei diesem Spiel und reagieren aufeinander. Sie erleben verschiedene Möglichkeiten des Flötenspiels und die Auswirkungen unterschiedlicher Körperhaltungen auf das Spielen. Abschließend werden die Erfahrungen besprochen:

> „War das Spielen in jeder Haltung gleich gut möglich? Wobei hast du dich am wohlsten gefühlt?"

Interessante „Spielplätze" können noch einmal gemeinsam erprobt werden.

5. Die Flöte begleitet dich durch den Raum – auch zu Hause

Beim nächsten Spiel geht es darum, Bewegungsformen zu überlegen und auszuführen – und dazu passende Spielweisen auf der Flöte zu finden, z.B.:
- Im *Galopp-Rhythmus hüpfen* und im gleichen Rhythmus mit den Fingern der rechten und der linken Hand abwechselnd auf den Klappen spielen.
- *Gehen* und im Tempo der Schritte mit der Öffnung des Flötenkopfstückes auf die Handfläche schlagen.
- *Auf Zehenspitzen trippeln* und dazu „t" in die Flöte sprechen.
- Zu *Schleichschritten* leise tiefe Töne spielen.

Auch Raumformen sind ein guter Impuls. Dabei kann es Aktionen geben wie z.B.:
- *Zick-Zack*: Der *eine* Ton führt mit den Schritten in die eine Richtung, ein *anderer* Ton in die andere Richtung. (Man kann auch bei jedem Richtungswechsel einen neuen Ton suchen.)
- *„Schleifen" gehen*: Was passt dazu? Vielleicht auf- und absteigende Glissandi, auf dem Flötenkopf gespielt?

Die Lehrerin sollte die im *Flötenheft* (S. 16/17 oben) aufgeführten Beispiele in den Unterricht einbringen. Die Kinder haben weitere Ideen, wie sie gehen und dazu auf der Flöte spielen können.

Hinweis: Die Abbildungen im *Flötenheft* sind als Sicht in den Raum und auf die Wege zu verstehen.

6. Wie sieht der „Musikplatz" zu Hause aus?

Bevor wir den Unterricht beenden, schauen wir uns noch einmal um: Was befindet sich alles im Raum? – Dann sprechen wir darüber, wie der „Musikplatz" bei den Kindern zu Hause aussieht:

- Hat die Flöte dort einen Platz, wo sie sicher ist? Wo sie das Kind selbst holen und zurückbringen kann?
- Ist der „Musikplatz" hell genug zum Notenlesen? Gibt es abends genügend Licht?
- Wird ein anderer durch das Üben gestört? Wird man selbst beim Üben von irgendetwas abgelenkt?
- Gibt es die Möglichkeit, nach dem Üben ab und zu einige Zuhörer zum „Konzert" einzuladen?

Hinweis: Sinn solcher Überlegungen ist es, die Kinder anzuhalten, selbst auf die äußeren Bedingungen ihres Musizierens und Übens zu achten. (Bei unklaren, schwierigen Fällen kann es sogar ratsam sein, die Kinder einmal zu Hause zu besuchen.)

Die Kinder können sich an ihrem „Musikplatz zu Hause" zeichnen und das Blatt auf S. 17 im *Flötenheft* auf die Randleiste kleben.

7. Zum Schluss – und eine Hausaufgabe

FH 1
S. 16f.

Wir putzen die Flöte und packen sie vorsichtig ein. – Noch einmal erinnern wir uns daran, wie wir uns heute in der Stunde bewegt haben. Im *Flötenheft* (S. 16/17 oben) sind einige Ideen – in grafische Zeichen gefasst – zu finden.

Zu Hause (gegebenenfalls natürlich auch im Unterricht) können die Kinder das Bild darunter mit Schritten, die sie auf der Flöte spielen können, vervollständigen. – Was der Ohrensessel und das Trampolin hierbei bedeuten, sollen die Kinder selbst bestimmen.

In der nächsten Stunde werden die Bilder gemeinsam betrachtet und vorgespielt. Es können auch zwei Kinder zur gleichen Zeit in *einem* solchen Bild-Raum mit Flötenklängen „spazieren gehen".

Spielstücke und Musizieranregungen im Flötenheft

Auf den Seiten 20 bis 23 finden sich im *Flötenheft* Musizieranregungen. Alle kommen mit wenigen Tönen (1–5) aus. Sie eignen sich besonders:

- zum *Blattlesen und -spielen der Rhythmen*;
- zum *Erkennen von Taktgruppen* und *Gliedern nach Takten*;
- zum *Transponieren* der Melodien;
- zum *Notieren* in verschiedenen Tonlagen durch die Kinder;
- zum *Erfinden* eigener Melodien.

Auf dem Bahnhof

Der Text wird gesprochen, geklatscht und dann auf der Flöte gespielt. Je nachdem wie viele Töne die Kinder schon beherrschen, spielen sie den Spruch auf einem Ton oder mehreren Tönen. Spielregel kann auch sein, bei jeder Note den Ton zu wechseln. – Mehrere Lösungen sollten improvisiert werden. Die Rhythmen zweier Takte sind im *Flötenheft* nachzutragen.

Die gewählten Töne werden mit ihren Namen, als Noten und als Griffbilder ins *Flötenheft* geschrieben. Bei der Wahl der Töne sollte die Lehrerin darauf achten, den Kindern bereits die Töne der darauf folgenden Musikstücke (*a'*, *fis'*, *c''* und *h'*) nach und nach zu zeigen und sie in die leeren Griffbilder im *Flötenheft* eintragen zu lassen.

Zugverse

Die Zugverse machen erneut Angebote, sich auf Tönen, die mit den Kindern verabredet werden, ins Flötenspiel und in einfache rhythmische Gliederungen einzufinden. Die fehlenden Taktstriche sollen von den Kindern nach Vorübungen, die den Taktschwerpunkt empfinden helfen, eingetragen werden.

Wenn ich groß bin

Zum ersten Mal erscheint hier eine für die Kinder spielbare Melodie mit zwei Tönen – *a' und fis'* – im Notenbild. (Diese beiden Töne sollten die Kinder zuvor schon einzeln kennen gelernt haben!) Man kann

- das Lied singen,
- die zwei Tonhöhen mit der Hand in der Luft mitzeigen,
- die Tonhöhen mit dem Finger im Notenbild „tupfen",

... bis nur noch die Augen dem Notenbild folgen und dann auch „von Noten gespielt" wird. Daran anschließend kann die Melodie auch von einem anderen Ton aus gespielt werden.

Hinweis: Bei diesem und dem im *Flötenheft* folgenden Text wurde auf eine Taktangabe verzichtet. Die Tempo- und Phrasenbildung soll ganz aus dem Textverständnis heraus erfolgen.

Patsch! – Daneben

FH 1
S. 22

Wichtig ist es, die Pause mit der Fermate wirken zu lassen. Der Begriff *Fermate* (ital. *fermata* = Haltestelle) kann dabei anschaulich erläutert werden.

Mückchen „Dünnebein“

FH 1
S. 22

Der Rhythmus dieses Liedes kann zunächst gesprochen werden. Man kann die Liedzeilen auf zwei Sprecher/Spieler aufteilen.

Ein Mückentanz

FH 1
S. 23

Die Kinder untersuchen, aus welchen Tönen dieses Musikstück „gebaut“ ist. Sie tragen selbst Notennamen und Griffbilder im *Flötenheft* ein. – Den Rhythmus kann man mit zwei Händen und je einem Finger zuerst auf der Tischplatte klopfen.

Und wie klingt dein Mückentanz?

Einleitend kann das Gedicht von Hoffmann von Fallersleben vorgelesen werden. Die Kinder berichten, wie sie sich das Tanzen der Mücken vorstellen. Dann versuchen sie mit Hilfe der Lehrerin, einfache Mückentänze zu erfinden.

Der Spielraum des Erfindens kann dabei dem Vermögen der Kinder entsprechend geöffnet oder begrenzt werden, Letzteres beispielsweise, indem die Lehrerin die Musik klar auf wenige Töne einschränkt, z.B. *fis'*, *g'*, *a'*, *h'*, *c''* (wie das Stück im *Flötenheft*).

Lehrerin: *Kind:*

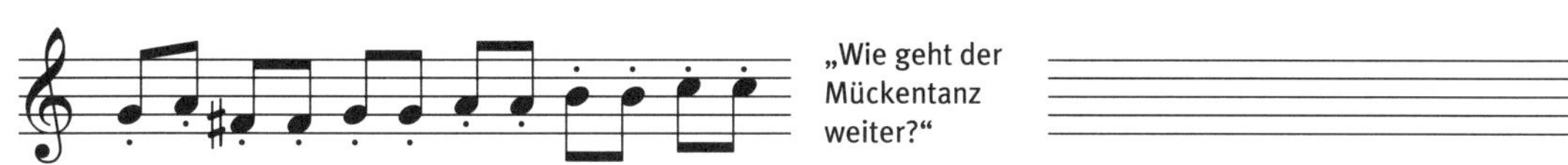

Ein „Mückentanz“ kann auch mit Klappengeräuschen sehr wirkungsvoll sein!

Ein Lied-Baukasten – Frosch im Haus

FH 1
S. 24

Manche Kinder kennen vielleicht „Frosch im Haus“ aus der Musikalischen Früherziehung*. Die Motive können beliebig miteinander verbunden werden, wodurch sich kürzere oder längere Liedfassungen ergeben. – Vielleicht fällt jemandem noch ein weiteres Motiv ein?

* Vgl. „Musik und Tanz für Kinder – Musikalische Früherziehung“, a.a.O., Kinderheft 4 „Tamukinder“, S. 24/25 und Lehrerkommentar II, S. 280

Rhythmusstraßen im Dreivierteltakt

Mit dieser (zweiten) Rhythmusstraße begegnen die Kinder dem 3/4-Takt und den neuen Notenwerten 𝅗𝅥 und 𝅗𝅥. sowie der Halben Pause. Man kann die Rhythmen („Straßen“) sprechen (Rhythmussprache vgl. Handbuch, S. 29f.), klatschen, mit einem Ton oder mehreren Tönen auf der Flöte spielen und sogar kleine Melodien daraus entwickeln.

Horcht nur, wie es fröhlich klingt

Hinweise:

- *Dreimal b’*: Der Ton *b’* erscheint hier zum ersten Mal. Jede Lehrerin entscheidet selbst, welchen Griff sie für geeignet hält.
- *Fingerübungen*: Auch das „Wimi“-Symbol sehen die Kinder hier zum ersten Mal. Zur Bedeutung und zur Hinführung an die Übungen vgl. Handbuch, S. 44. – Wie oft sollen/wollen die Kinder die Übungen zu Hause ausführen?

Der bekannte Kanon mit seiner rasch zu erfassenden Melodiegestalt führt zum zwei- oder mehrstimmigen Musizieren. Schlaginstrumente (z.B. Schellentrommel) können begleiten.

Der Kanon wird im Fünfton-Raum *g’–d’’* gespielt.

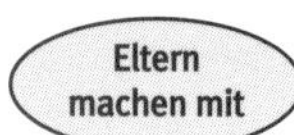

Der Kanon kann auch zu Hause erklingen – gespielt auf der Flöte und gesungen von Eltern oder Geschwistern.

Kleiner Walzer

Die gegebene Melodie hilft, den Tonraum *f’–c’’* zu festigen – spieltechnisch und in der musikalischen Vorstellung, so dass die anschließende Erfindungsübung vorbereitet ist.

Wie kann diese Melodie weitergehen?

Die Ergänzung kann von einzelnen Kindern vielleicht schon selbstständig vorgenommen werden. Oder die Lehrerin entwickelt die Melodie im Wechselspiel mit dem Kind.

Tanz (Michael Praetorius)

Die zweite Stimme spielt zunächst die Lehrerin. – Wenn die Melodie vertraut ist, kann man sie zu ruhigen Gehschritten spielen und vielleicht sogar einfache Tanzschritte probieren.

Hier kannst du alle Töne aufschreiben, die du schon auf der Flöte spielen kannst.

Die Kinder kennen jetzt schon eine Reihe von Tönen und Noten. Gerade weil sich bei den meisten Kindern beides noch längere Zeit nicht mit ganzer Sicherheit verbinden wird, ist es sinnvoll, einmal „Bilanz“ zu ziehen: Welche Griffe werden bereits beherrscht – und wie werden die Noten dazu aufgeschrieben? Unter dem Notensystem ist Platz, um die Tonnamen festzuhalten.

Leichte Klavierbegleitung zu „Kleiner Walzer“

Rudolf Nykrin

Materialien zur weiteren Anregung

Körpererfahrung und bewusste Spielhaltung

Die folgenden spielerischen Übungen M 3.1 – 3.8 ergänzen und vertiefen Punkt 4 „Spielhaltung und ‚Spielplätze' im Raum" des vorangehenden Unterrichtsverlaufs. Im Zusammenhang fördern sie eine aufrechte, in sich bewegliche Körperhaltung.

Die Lehrerin kann einzelne Übungen immer wieder in den Unterricht einfließen lassen. Es empfiehlt sich, alle Übungen ohne Schuhe durchzuführen, damit der Bodenkontakt stärker spürbar wird. Wenn möglich sollte eine Decke bzw. Matte für die Bodenübungen bereitgehalten werden. Einzelne Übungen sind auch auf einem Tisch liegend ausführbar.

Auf dem Boden liegend Flöte spielen

M 3.1 Sandmulde

Die Kinder liegen mit ausgestreckten Beinen auf dem Rücken. Sie spüren, zeigen und benennen, welche Stellen des Körpers den Boden berühren, welche nicht. Dann werden die Füße aufgestellt. Nun können die Kinder wahrnehmen, dass auch der untere Rücken (Lendenwirbel) auf dem Boden aufliegt.

Die Kinder stellen sich vor, dass sie am Meeresstrand liegen und durch das Gewicht ihres Körpers eine große Mulde in den Sand formen. Dies ist die optimale Lage für ein gelöstes, freies Atmen.

In dieser Haltung blasen die Kinder in das Mundstück bzw. die ganze Flöte und achten auf gleichmäßiges, ruhiges Ausatmen. Damit sie sich beim Blasen noch besser entspannen können, stützt die Lehrerin die Flöte abwechselnd bei den Kindern. Die Hände des Kindes liegen dann entspannt auf dem Bauch und fühlen, wie sich dieser hebt und senkt.

M 3.2 Wippen oder Beckenschaukel

Die Kinder liegen mit angezogenen Beinen auf dem Rücken und kippen langsam, beim Steißbein ansetzend, das Becken nach oben und senken es wieder. Das Tempo kann schneller werden.

Beim Hochheben des Beckens werden Töne geblasen, beim Senken werden alle Muskeln entspannt und die Luft strömt ein. Die Töne können ohne Zungenstoß, nur vom Zwerchfell aus angeblasen werden.

M 3.3 Brücke bauen

Die Kinder liegen auf dem Rücken. Sie heben, beim Steißbein ansetzend, den Rücken und das Gesäß Wirbel für Wirbel nach oben („Brücke") und senken dann den Rücken von den Halswirbeln ab langsam nach unten. Das Auf und Ab kann mit einer kleinen Melodie auf der Flöte begleitet werden. Jedes Kind spielt für sich allein. Oben und unten wird eine Pause zum Atmen gemacht; das Ausatmen geschieht zur Bewegung mit dem Flötenspiel.

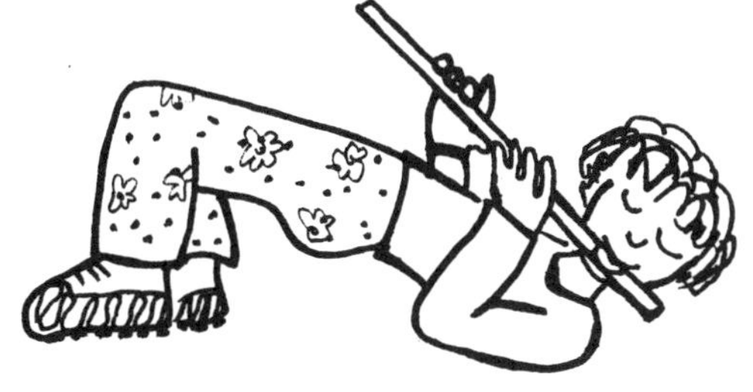

M 3.4 Für Mutige: Purzelbaum

Wer besonders viel Spaß am Rollen und Robben über den Boden hat, kann (zuerst ohne Flöte) einen Purzelbaum rückwärts probieren. Wir bringen die Beine über den Kopf und rollen über die linke Schulter. Dabei wird das rechte Bein gestreckt über den Boden gezogen, das linke wird abgewinkelt und stützt den Körper unterhalb des Knies ab. Kopf nach links einziehen! Die Lehrerin kann Hilfestellung geben, indem sie das Kind vorsichtig rollt.

Wer einen Purzelbaum ohne Flöte gut kann – weich und ohne aufzuplumpsen! – probiert gleichzeitig, einen Ton auf dem Flötenkopf zu spielen. Dafür muss die Bewegung sehr langsam und ruhig gelingen.

Im Sitzen und Stehen

M 3.5 Schlangenbeschwörer

Die Kinder sitzen „müde“ mit Rundrücken auf dem Stuhl. Die Lehrerin oder ein Kind spielt eine aufwärts steigende Melodie – wie ein Schlangenbeschwörer. Mit der Melodie richten sich die „müden“ Kinder auf und sitzen danach mit geradem Rücken da.

Ⓥ Das Kind spielt beim Aufrichten selbst Flöte und hört, wie sich dabei der Flötenklang verändert.

M 3.6 „Alle gemeinsam aufstehen!“

Das klappt nur, wenn alle von Beginn an die richtige Sitzhaltung einnehmen. Die Kinder setzen sich so auf die Stühle, dass sie jederzeit aufstehen können: also Füße auf den Boden, Rücken aufrecht. Wenn die Lehrerin (oder ein Kind) aufsteht, müssen alle aufstehen.

Ⓥ Das plötzliche Aufstehen kann später einmal beim Spielen eines vertrauten Stückes angewendet werden. – Beherrschen die Kinder das Stück so gut, dass sie es auch ohne Noten spielen können?

M 3.7 An die Wand gelehnt Flöte spielen

Die Kinder stellen sich mit dem Rücken an die Wand und spüren, wo dieser die Wand berührt. Sie versuchen, den ganzen Rücken anzulehnen und entdecken, dass sie dafür etwas in die Knie gehen müssen. Sie spielen Flöte (eine bekannte Melodie) und lehnen sich dabei mit etwas Druck gegen die Wand – so, als wollten sie diese mit den Lendenwirbeln wegschieben.

M 3.8 Mit dem Atem von der Wand wegdrücken

Die Kinder lehnen an der Wand und drücken sich mit einem plötzlichen Atemstoß – „h“ – von der Wand ab. Die Lehrerin achtet darauf, dass die Kinder sich nicht mit den Schultern, sondern von der Körpermitte aus abdrücken. Wenn dies gut gelingt, wird es mit kurzen, explosiven Flötentönen probiert.

Spiele im Raum

M 3.9 „Bewegt euch so im Raum, dass es zu der Musik passt, die ich spiele!"

Hier tritt die Musik mit ihrer Gestalt und emotionalen Aussage in den Mittelpunkt. Die Lehrerin spielt für die Kinder auf der Flöte Musik, die zu unterschiedlichen Bewegungen anregen kann. Vorstellungen:

- „übermütig" – vielleicht in einem punktierten Rhythmus;
- „zart" – einzelne lang gezogene Töne;
- „eckig " – scharf angeblasene, abgesetzte Töne;
- „gehend" – eine ruhige, taktgebundene Melodie.

Wenige, deutlich zu unterscheidende Beispiele sind besser als zu viele, bei denen die Unterschiede verwischt werden.

Die Kinder sollen die Musik mit Bewegung im Raum, aber auch nur mimisch und gestisch darstellen.

„Wie bewegst du dich am liebsten? – Zeig es mir und ich spiele dazu auf der Flöte."

Nicht nur die Lehrerin, auch die Kinder sollten mit den ihnen verfügbaren Mitteln Musik machen, die unterschiedlich im Ausdruck ist. So kann schon Musik mit einem Ton traurig, wild, müde usw. klingen. – Also: Rollentausch!

M 3.10 Das Hoch-und-tief-Versteckspiel

Das bekannte „Heiß-und-kalt"-Spiel wird hier durch das Hoch-und-tief-Spielen auf der Flöte ersetzt. Ein Kind wird vor die Tür geschickt; im Raum wird ein Gegenstand (z.B. Tuch) versteckt. Dann wird das Kind hereingerufen. Die Gruppe zeigt mit ihrem Spiel auf den Flöten durch „höher spielen" an, wenn sich das suchende Kind dem versteckten Gegenstand nähert, und durch „tiefer spielen", wenn es sich von ihm entfernt. Es muss also mit den Ohren gesucht werden!

Der Tonraum zwischen „hoch" und „tief" sollte mit den Kindern festgelegt werden, damit im Spieleifer die Qualität des Spielens erhalten bleibt. Und: „Hoch" und „tief" hat nichts mit „lauter" und „leiser" zu tun (was eine Spielvariante wäre!).

M 3.11 Die blinde Kuh hat gute Ohren!

Man verbindet einem Kind die Augen mit einem Tuch (Alternative: Augen schließen ohne Blinzeln) und führt es an einen beliebigen Platz im Zimmer (Drehen nicht vergessen!). Die Lehrerin oder ein Kind sucht sich einen Platz im Raum (auch unter dem Tisch, hinter einem Vorhang usw.) und spielt nun auf der Flöte. Die „blinde Kuh" soll hörend dorthin finden.

M 3.12 Gehen, Spielen und Tonlängen erfahren

Alle gehen mit der Flöte durch den Raum – zunächst jeder in seinem eigenen Tempo – und begleiten jeden Schritt mit einem Ton. Jedes Kind führt seine Lösung den anderen vor.

Dann versuchen alle, im gleichen Tempo zu gehen und zu spielen (jeder für sich im Raum oder in einer Schlange hintereinander).

Nun gibt die Lehrerin ein bestimmtes (ruhiges) Gehtempo vor und begleitet jeden Schritt z.B. mit „tü". Die Kinder gehen und spielen mit, bis der Grundschlag jeweils ganz sicher erfasst ist.

„Wir gehen weiter. Auf jeden Schritt kommen jetzt zwei Töne."

x x

„Jetzt klingt ein Ton so lange, wie zwei Schritte dauern."

x x

„Drei Töne auf einen Schritt!"

3 3

x x

Das gleichmäßige Gehen soll bei diesen spielerischen Übungen möglichst nicht unterbrochen werden.

Das Spiel kann auf vier Töne pro Schritt erweitert werden; es können auch Ganze Noten gespielt werden. Bald wird eine Kombination verschiedener Notenlängen möglich sein.

M 3.13 Töne nachspielen – ohne Hinschauen

Wir spielen uns gegenseitig *einzelne Töne* vor und versuchen, sie ohne Blick auf die Klappen nachzuspielen. Wir stehen dabei Rücken an Rücken oder weit im Raum verteilt oder schließen die Augen. Wir probieren so lange, bis die Töne wirklich gleich klingen.

M 3.14 Koffer packen

Kinder und Lehrerin sitzen im Kreis; die Flöten sind spielbereit.

> „Wenn wir verreisen wollen, bereiten wir uns darauf vor! Vor allem müssen wir unsere Koffer packen. Natürlich packen wir in der Flötenstunde keine Kleidung oder Spielzeug ein, sondern Töne. Damit alle Töne gut im Koffer verstaut werden, helfen wir zusammen ..."

Ein Spieler spielt den ersten Ton und „packt ihn damit in seinen Koffer". Der nächste wiederholt diesen Ton und „packt einen eigenen (zweiten) dazu ein". Der dritte Spieler wiederholt die beiden ersten Töne und fügt noch einen dritten an usw. – Dabei dürfen Töne auch wiederholt werden.

Texte zum rhythmischen Spielen auf der Flöte

Die folgenden Texte können rhythmisiert und – ähnlich den Texten im *Flötenheft*, S. 20f. –
- gesungen,
- auf ausgewählten Tönen auf der Flöte gespielt,
- nach den Zielsetzungen der Lehrerin und den Möglichkeiten der Kinder in Noten aufgeschrieben werden.

M 3.15 Eisenbahnsprüche

Einsteigen, einsteigen,
gleich geht's los!
(überliefert)

*

Ich fahr fort und du bleibst hier.
Wenn ich dort bin, schreib ich dir.

*

Die kleine Lokomotive:
Hinauf, bergauf, geht's mit Geschnauf,
doch hinunter fährt sie munter.

Die große Lokomotive:
Ich bin schwer,
ich hab's schwer,
doch der Strom
gibt mir Kraft.

Die Wagen:
Wir hängen hintendran,
wir kommen schnell voran.

*

Bremsen, bremsen, nicht so schnelle,
bei dem Schaffner mit der Kelle
kommt schon unsre Haltestelle.

Rudolf Nykrin

Zum Musizieren

Die folgenden Stücke zeigen exemplarisch Möglichkeiten auf, Melodien mit zwei bis fünf Tönen in den Unterricht einzubeziehen. Die Lehrerin wird aus dem eigenen Repertoire ergänzen.

M 3.16 Eine kleine Bimmelbahn

Michaela Papenberg

Das leise Tuckern der Bimmelbahn wird in der Musik durch leichte, kurze Staccatotöne ausgedrückt. Bevor die Kinder das Lied spielen, singen sie es und greifen dabei die Töne auf der Flöte mit. Dann werden Spielregeln ausgemacht, z.B.:

- Ein Kind spielt, die anderen singen und greifen mit.
- Ein Kind spielt vier oder zwei Takte, dann schließt ein anderes an und spielt ebenso lang.

M 3.17 Eins, zwei, drei

Hermann Regner

M 3.18 Miteinander und nacheinander

Hermann Regner

M 3.19 Moderato

Aus dem 16. Jahrhundert

M 3.20 Oh, when the Saints

M: aus den USA/S: Rudolf Nykrin

Wenn die hohen Töne den Kindern noch fehlen, besteht der Reiz darin, dass die Lehrerin sie hineinspielt.

4. Thema: Im Hafen

Ein Hafen mit seinem pulsierenden Lebensstrom spricht die Aufmerksamkeit, die Phantasie und Gefühlswelt vieler Kinder unmittelbar an. Die Hafenszenerie mit ihren geräuschvollen Aktivitäten, Klängen und Tönen animiert zum Spielen und Gestalten.

Das Thema vertieft und erweitert die musikalischen Erfahrungen der Kinder insbesondere in den Dimensionen Rhythmus, Tonraum, Notation und Zusammenspiel. Gefördert werden auch das Zusammengehörigkeitsgefühl und das sensible Reagieren auf die anderen Mitglieder der Gruppe.

Besondere Ziele / Aktivitäten
- Ein Klangbild gestalten;
- rhythmische Motive in verschiedenen Taktarten spielen, notieren, erfinden;
- Melodien hören und erfinden;
- Liedbegleitung und Ensemblespiel;
- bewusste Erfahrungen mit der Intonation: Flaschen nach bestimmten Tonhöhen einstimmen.

Besondere Materialien
- Kassettenrekorder zum Aufnehmen;
- große leere Flaschen, Eimer mit Wasser, Schöpfkelle;
- Begleitinstrumente (Xylophon, Claves, Handtrommel);
- „Schiffsurkunden" (vgl. S. 95).

Eine Unterrichtssequenz

1. Was in einem Hafen alles zu hören ist

FH 1
S. 28

> „Wer war schon einmal in einem Hafen? Was habt ihr alles gesehen? Was wisst ihr davon? Es gibt Häfen an der Meeresküste – und wo noch?"

Die Kinder erzählen, die Lehrerin kann mit Bildmaterial, Bilderbüchern u.ä. ergänzen.

Gemeinsam wird das Bild im *Flötenheft* betrachtet und überlegt: Was alles klingt in einem Hafen und wie können wir es mit Geräuschen und Tönen auf der Flöte (dem Flötenkopf) nachahmen? – Beispiele:
- Möwen kreischen,
- Arbeiter hämmern auf einem Schiff,
- Fahnen flattern,
- Wind pfeift,
- Taue ächzen,
- Schiffe tuten ...

Eine freie Klangestaltung (Klangbild) entsteht. Neben den Flöten werden natürlich auch die Flaschen mit ihren signalartigen Klängen eingesetzt. Eine Aufnahme mit dem Kassettenrekorder dient der Kontrolle und stiftet zum genauen Planen des Ablaufs an.

2. Viele Schiffe laufen im Hafen ein

... und jedes Schiff hat etwas Besonderes an sich. Davon erzählen die Texte und Rhythmuszeilen im *Flötenheft*.

> „Jeder Kapitän ist stolz auf sein Schiff und deshalb denken sich Kapitäne auf langen Reisen manchmal einen Vers für ihr Schiff aus."

Die Verse werden den Zielsetzungen der Lehrerin entsprechend erarbeitet:
- Können die Kinder selbst schon den Rhythmus einzelner Zeilen entschlüsseln?
- Die Zeilen können in der „Rhythmussprache" (vgl. Handbuch, S. 29f.) und klatschend zum Klingen gebracht werden.
- Jede Zeile kann rhythmisch gesprochen und dabei mehrmals wiederholt werden, bis sich alle Kinder in den gleichen Sprachrhythmus „eingependelt" haben.

Wird eine Verszeile beherrscht, wählen sich die Kinder einen bestimmten Ton aus und spielen den Rhythmus auf der Flöte.

Die Lehrerin hat „Schiffsurkunden" vorbereitet (S. 95). Jedes Kind wählt sich einen Schiffsnamen aus und bekommt von der Lehrerin die passende Urkunde. Auf ihr wird der Rhythmus des Schiffsnamens notiert. – Die Schiffsurkunde wird im *Flötenheft* eingeklebt.

Die Kinder können nun mit den bisher bekannten Tönen eine Melodie zu ihrer Verszeile erfinden. Nach mehrmaligem Spielen kann diese, im Unterricht oder zu Hause, in die leere Notenzeile im *Flötenheft* eingetragen werden.

Hinweis: Bei allen Spielen mit rhythmischen und melodischen Bausteinen üben die Kinder das Greifen und Anblasen *verschiedener* Töne. Die Lehrerin kann dabei den Tonumfang behutsam erweitern, indem sie den Kindern neue Griffe zeigt. Nach eigenem Ermessen kann sie z.B. auch schon das Überblasen erklären.

3. Schiffe – Signale – Seefunk

> „Unser Raum wird zum Meer ..."

Die Kinder bewegen sich als Schiffe (langsam, mit angesetzter Flöte, in Spielhaltung gehend). Dazwischen bleiben sie immer wieder stehen und blasen („tuten") einen langen Ton. Treffen sie ein anderes „Schiff", spielen sich beide gegenseitig ihren (Schiffs-)Namen als Signal auf einem selbst gewählten Ton vor, z.B.:

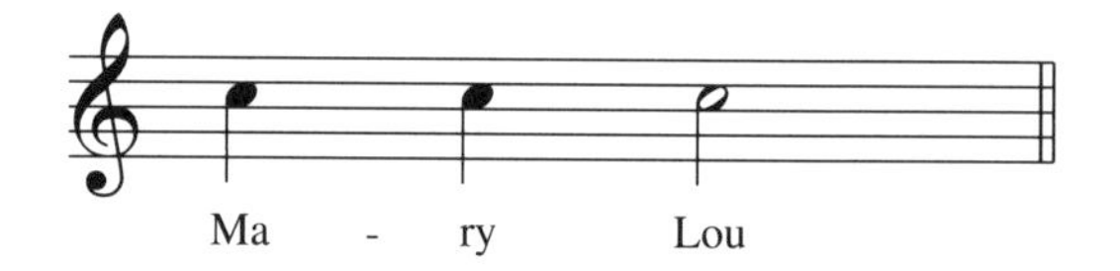

Im Unterrichtsraum ist ein „Hafen" mit „Anlegesteg" markiert worden. Wenn ein Schiff den Hafen anlaufen will, meldet es sich mit seinem „Schiffssignal" über Funk bei der „Hafenbehörde", deren Rolle ein Kind übernimmt. Wollen die Schiffe in den Hafen einfahren, müssen sie das Freizeichen von der Hafenbehörde abwarten – und sie müssen die Zeichen der Hafenbehörde gut kennen.

„Schiffsurkunden"

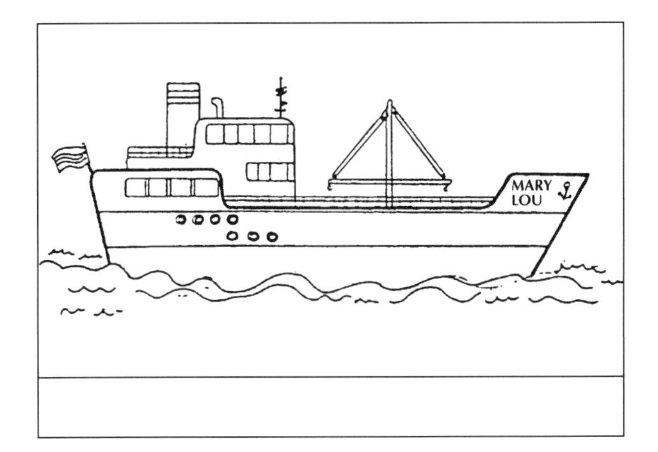

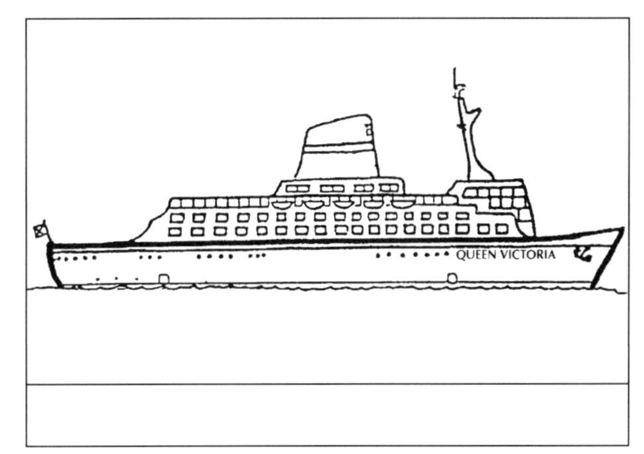

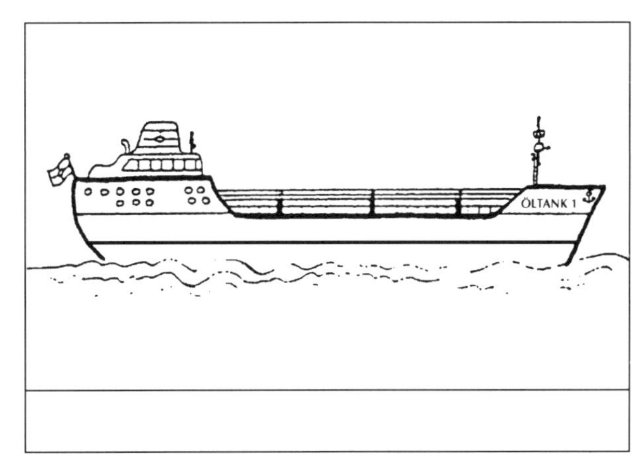

Zeichnungen: Gila Czermin
Arbeitsblattvorlage, Schott Musik International, Mainz

Im *Flötenheft* (S. 30) sind mehrere Funksprüche der Hafenbehörde zu finden. Das Signal von „Queen Victoria" deutet an, wie hier notiert werden soll:
1. Rhythmus in grafischer Notation („Morseschrift");
2. Rhythmus in traditioneller Notation;
3. vollständiges Signal mit bestimmter Tonhöhe.

Die Kinder tragen die entsprechenden Zeichen ein. Sie klopfen, sprechen und spielen die Signale, die wie folgt aufgeschrieben werden können:

Komm nä-her! Frei-e Fahrt! Bit-te war-ten! Sig-nal wie-der-ho-len!

Hafenspiel

Die Kinder verteilen sich als Schiffe im Raum und bleiben wartend auf ihrem Platz stehen. Das Kind, das die Hafenbehörde spielt, befindet sich beim „Landungssteg".

Ein „Schiff" spielt sein Signal vor und wartet auf Antwort. Die „Hafenbehörde" wiederholt zuerst das jeweilige Schiffssignal und gibt dann seine Antwort. Das jeweilige „Schiff" wiederholt das Funksignal noch einmal. Beim Zeichen „Komm näher!" darf es einen großen Schritt Richtung Hafen tun. Bei „Freie Fahrt" darf es gleich bis zum Landungssteg fahren. Nach und nach erreichen alle Schiffe sicher den Landungssteg.

Varianten der Signalspiele:
- „Kettenfunk" im Kreis ohne „Löcher": Jedes „Schiff" schließt seinen Namen im Takt an den vorhergehenden Schiffsnamen an – auf einer selbst gewählten Tonhöhe.
- „Kettenfunk" im Kreis mit Richtungswechsel auf ein Signal (z.B. Triangelschlag).
- „Bei Nacht und Nebel": mit geschlossenen Augen wird „Kettenfunk" gespielt.
- „Funken" mit Morselampen: anblinzeln, wer weitermachen soll.

4. Ladung löschen

„Ein Fischkutter hat am Pier festgemacht und muss entladen werden. Verschiedene Fischsorten sind in Kisten verpackt. Der Kran hievt nach und nach die einzelnen Kisten aus den Laderäumen nach oben und setzt sie auf dem Kai (der Ladestraße) wieder ab."

Im *Flötenheft* ist das Schiff mit den Kisten und den rhythmischen Motiven abgebildet: Was in den einzelnen Kisten steckt, kann man herausfinden, wenn man die im Text des *Flötenheftes* genannten Fischsorten mit den Rhythmen vergleicht. Achtung: Nicht immer gibt es nur *eine* Lösung.

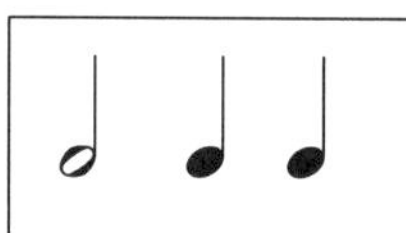
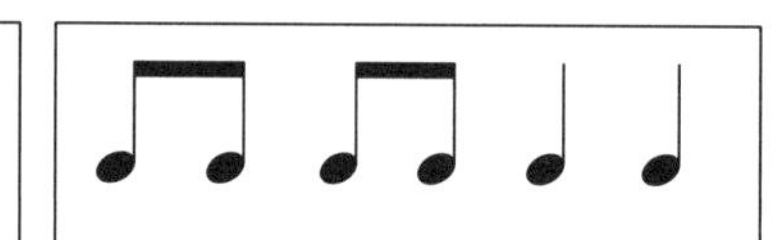

Heil-butt und Lachs See - zun-gen Hum-mer, Aus-tern, Kreb-se He-rin-ge

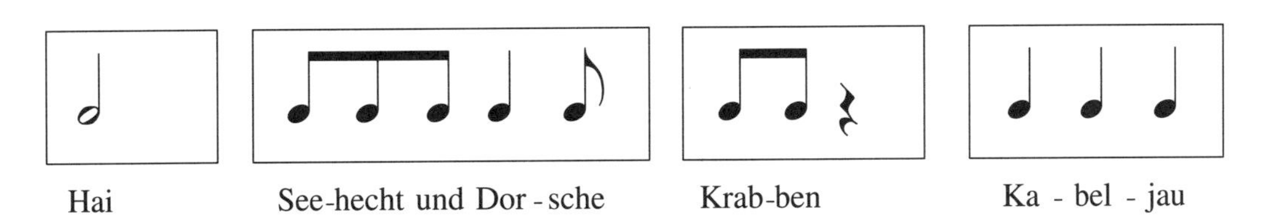

Einige Kisten sind unbeschriftet. Die Kinder können sich selbst Fischsorten ausdenken und die entsprechenden Rhythmen eintragen.

Kranspiel

Die Kinder sind nun „Kranführer" und beginnen – zunächst alle gemeinsam – mit dem Löschen einer Ladung, zum Beispiel:

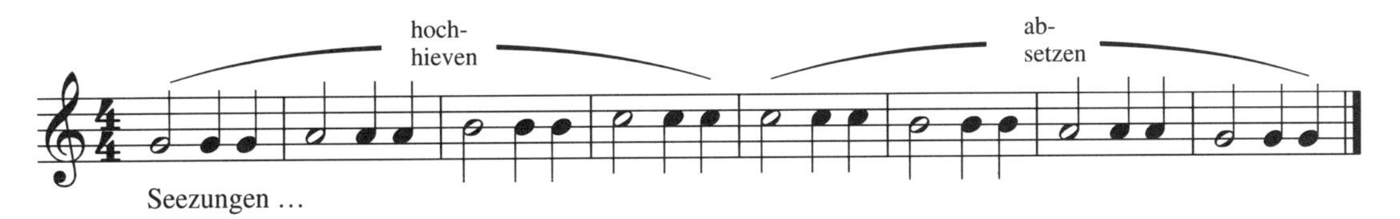

„Je leerer das Schiff wird, desto tiefer muss der Haken des Krans in den Laderaum hinuntergreifen!"

So können verschiedene Tonleiterausschnitte und Tonleitern bei langsam ansteigender Tonfolge geübt werden. (Zunächst empfehlen sich Ausschnitte aus spieltechnisch leichteren Tonarten, wie G-, D-, F-Dur und e-, d-Moll.)

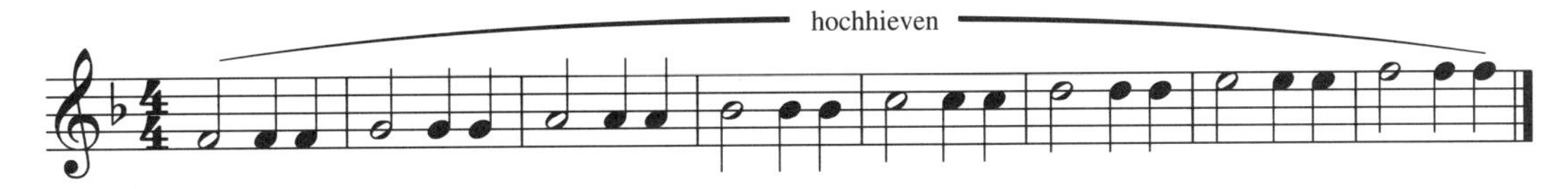

Eine „Kiste" nach der anderen wird nun auf diese Weise befördert:
- entweder von allen gemeinsam, wobei alle gleich spielen („wie mit einem Kran");
- oder auch „mit zwei Kränen, die gleichzeitig an einer Ladeluke arbeiten":

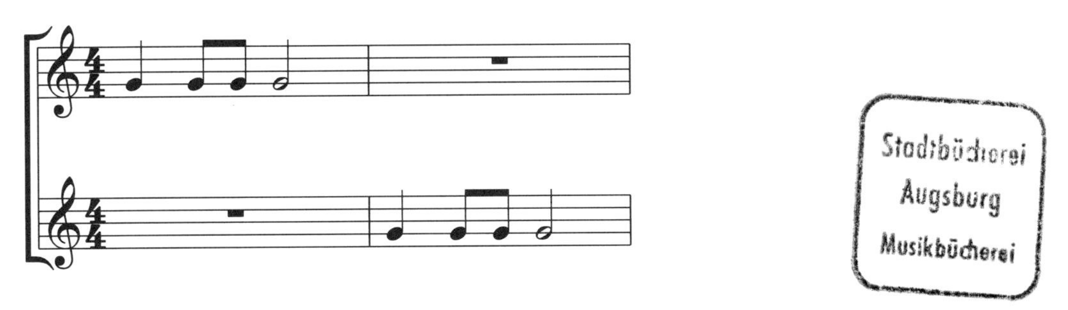

- aber auch in folgender Weise abwechselnd:

Spielstücke und Musizieranregungen im Flötenheft

FH 1
S. 32

Steig in dein Boot

M: nach einem griechischen Volkslied/T: Gila Czermin

Die Melodie ist im *Flötenheft* nur zwei Takte lang ausgeschrieben.
Die Kinder lernen das ganze Lied:

- singend, wobei alle mit dem Körper den wiegenden Rhythmus aufnehmen sollten. Dabei können sich die Kinder an den Händen fassen und die Form eines Schiffes bilden. Oder sie setzen sich und formen mit den Händen ein Schiff, wie es die Zeichnung zeigt;
- indem je zwei Takte mehrmals gesungen und die Tonhöhen mit der Hand in die Luft gedeutet werden.

Ist das Lied den Kindern vertraut, probieren sie, je zwei Takte auf der Flöte nachzuspielen und die fehlenden Noten im *Flötenheft* zu ergänzen. Zur Erleichterung stehen dort die Notenwerte genau über den Notenlinien.

Dann versuchen die Kinder, die Melodie auch in anderen Tonarten zu spielen. Da sie nur aus drei Tönen gebildet ist, ist das nicht schwierig. Das Transponieren geht leichter, wenn die Lehrerin oder ein Kind mitsingt und die Tonhöhen in der Luft mitzeigt.

In die leere Notenzeile im *Flötenheft* können die Kinder die Melodie von „Steig in dein Boot" auch noch in ihrer „Lieblingstonart" eintragen.

FH 1
S. 33

Kanon der Heulbojen

Für dieses Lied müssen zwei neue Töne (Griffe) gelernt werden: *d'*, *e'*. Das -Zeichen und eine kleine Melodie, die durch bezeichnete Heulbojen angedeutet ist, helfen, sich mit ihnen anzufreunden. Die auf den Heulbojen abgebildeten Töne werden auf der Flöte geblasen und in die leere Notenzeile geschrieben.

Nun lesen die Kinder den Liedtext und spielen mit der Lehrerin zunächst den tiefen Klang der Heulbojen, der die Schiffe vor Untiefen und Riffen warnt – es ist der Ton *d'*, der später das Lied grundiert.

Das Lied kann als bis zu vierstimmiger Kanon mit Bordungrund ausgeführt werden.

Wellenmelodien, auch zum Weiterimprovisieren

FH 1
S. 33

Die Kinder können mit einem Farbstift den Wellenverlauf der Noten hervorheben, die Melodien klingend fortsetzen und selbst weitere Wellenmelodien erfinden.

Die Wellen im Hafen

FH 1
S. 34

Dieses Duett fällt leichter, wenn die Kinder in ganzen Takten zur Melodie mitschwingen.

Im Hafen, wo viele Kräne sind

Auf Flaschen tuten

Hinweis: Die besonderen Anliegen sind hier einerseits das Anblasen und andererseits das genaue Hören auf Tonhöhen. Kinder können aber nur behutsam und ohne Leistungsdruck dazu angeleitet werden, allmählich genauer zu hören und den Ton auf ihrem Instrument sensibel zu formen.

Auf Flaschen hat wohl jedes Kind schon einmal zu spielen versucht. Die genauere Beschäftigung mit dem Stimmen und Anblasen von Flaschen ist in diesem Zusammenhang reizvoll. Im Unterricht soll dies jetzt ganz ausführlich geschehen, denn die Flaschen werden zur Liedbegleitung eingesetzt.

Vorbereitende Spiele bieten sich an, z.B.:
- Flötentöne werden mit den Tönen, die auf leeren Flaschen produziert werden, verglichen: Sind sie höher, tiefer, weicher, schärfer ...? (Flaschen- und Flötenton können zufällig auch gleich sein.)
- Die Flaschen werden mit Wasser gefüllt und damit auf die Flötentöne abgestimmt. – Wie verändert sich die Tonhöhe, wenn man mehr oder weniger Wasser in eine Flasche füllt?
- Nicht nur *Einklänge* sind erstrebenswert, sondern auch gut gestimmte Tonabstände, *Intervalle*.
- Abschließend werden Flaschen auf die *Töne e' und h'* eingestimmt, weil sie zu einem Lied passen, das die Kinder bald singen und begleiten werden.

Beim Stimmen können die Kinder entdecken, dass die genaue Tonhöhe auch vom Anblasen der Flöten und Flaschen abhängig ist:
- von der Haltung des eigenen Körpers und des Instruments;
- von der Blasrichtung, die von den Lippen reguliert wird;
- von der Atemführung.

Sie können versuchen, nur unter Einsatz der eben genannten Mittel die Tonhöhe zu verändern; alle beobachten an sich und an den anderen, was dazu beiträgt. Die Lehrerin hilft, die Beobachtungen zu formulieren.

Das Lied und seine Begleitung

Die Lehrerin singt die erste Strophe des Liedes (*Flötenheft*, S. 35) vor. Die Kinder probieren aus, wie sie ihre Flöte im Takt zur Melodie schaukeln lassen können, z.B.:
- mit beiden Händen waagrecht vor dem Körper hin und her,
- auf und ab,
- links hoch, rechts tief und umgekehrt ...

Dabei hören die Kinder das Lied mehrmals und versuchen auch mitzusingen.

Nun soll der Ton *e'* das Lied begleiten. Die Kinder nehmen die Flöte und schwingen mit ihr im Takt nach rechts und zurück (♩. ♩.); die Lehrerin singt oder spielt dazu das Lied. Anschließend spielen die Kinder beim Schwingen nach rechts den Ton *e'*, beim Schwingen zurück ist Pause:

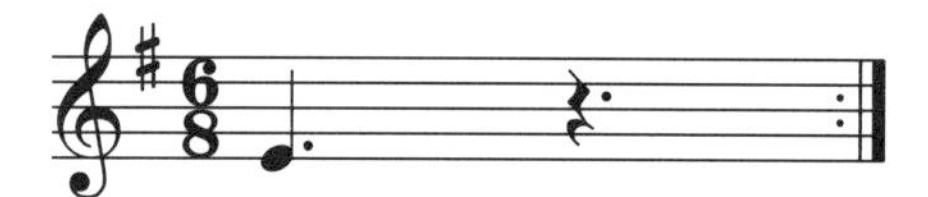

Jetzt kann die Begleitung verändert werden:

- Wir spielen den Ton *h'* – diesmal bei jedem Schwung – und hören, ob auch dieser Ton zu allen Melodietönen passt. An einigen Stellen klingt das *a'* besser ...
- Wir spielen auch das *e'* bei jedem Schwung. Noch besser klingt es, wenn man vor dem Schlusston einmal zum *fis'* wechselt.

Beide Stimmen können nun zusammenklingen. Wo sind sie im *Flötenheft* (S. 35) unter der Melodie zu finden? Dort steht auch noch eine vierte Stimme! – Sie ist als Herausforderung für alle Kinder gedacht und wird von der Lehrerin entsprechend den Fähigkeiten der Kinder früher oder später ins Spiel gebracht:

- Die Kinder spielen zuerst – ohne Blasen – nur auf den Klappen.
- Dann versuchen sie, die Töne zu blasen.

Hinweis: Stimme 4 kann auch auf einem Xylophon gespielt werden.

Mehrere Möglichkeiten, das Lied aufzuführen, stehen jetzt offen. Gemeinsam wird ausprobiert und festgelegt, z.B.:

- Singen und auf Flöten/Flaschen begleiten;
- Lehrerin spielt das Lied auf der Flöte, Kinder begleiten;
- Zum Lied ein Vorspiel, Zwischen- und Nachspiel mit Wellenklängen und Schiffssignalen erfinden und das Lied mehrmals wiederholen;
- Die Musik auf Band aufzeichnen und anschließend kritisch abhören: Ertönen alle Schiffe? Wie klingen die Wellen? Passt die Begleitung zum Lied?

Was ist denn los mit dem faulen Seemann? (What shall we do with the drunken sailor?)

Dem Alter der Kinder entsprechend kann neben dem deutschen Text auch die eine oder andere überlieferte englische Textstrophe gesungen werden (bei Bedarf kopieren und auf den Rand im *Flötenheft* kleben):

1. *What shall we do with the drunken sailor,*
   what shall we do with the drunken sailor,
   what shall we do with the drunken sailor
   early in the morning?

2. *Take him and shake him and try to awake him ...*
3. *Put him in the longboat until he's sober ...*
4. *Pull out the plug and wet him all over ...*

Die beiden Begleitstimmen können vorgeübt werden, indem ihr Rhythmus zum Singen des Liedes geklatscht wird. Claves und Handtrommeln können als Unterstützung besonders gut eingesetzt werden.

Rhythmen auf dem Schiff

FH 1
S. 37

Die kleine Partitur stellt Aktivitäten und Geräusche auf einem fahrenden Schiff zusammen. Die Rhythmen werden zunächst über die Sprache (evtl. „Rhythmussprache“, vgl. Handbuch, S. 29f.) und Klanggesten erarbeitet, dann gesprochen. Später können die Rhythmen auf Instrumente übertragen werden.

> „Wenn ein Schiff zu einer Reise startet, muss nicht nur die Technik reibungslos funktionieren. Auch Kapitän und Mannschaft müssen gut zusammenarbeiten. Bei den Musikern in einem Ensemble ist das genauso!“

Zum Maschinenostinato können die folgenden Kommandos gegeben werden:

Daraufhin setzen im Abstand von jeweils zwei Takten „Motor“, „Schiffsschraube“ usw. ein.

Materialien zur weiteren Anregung

M 4.1 Duos auf dem Schiff

Zwei Geräusche gehören jeweils zusammen und erzählen eine kleine Geschichte. Beispiele:

1. *Ein Matrose geht an Deck und verjagt eine kreischende Möwe:*

2. *Ein Matrose schüttet Wasser auf das Deck und der Schiffsjunge muss schrubben:*

3. ...

4. ...

Weitere Geschichten sollen sich die Kinder im Unterricht oder zu Hause selbst ausdenken.

5. Thema: Bei Tisch

Eine flexible Lippenführung unterstützt die Bildung von Ton und Klangfarben und hilft der Intonation. Insbesondere moderne Spieltechniken setzen ein differenziertes und bewusstes Umgehen mit der Lippenstellung und -spannung voraus. Ähnliches gilt für die Zunge.

Die Kinder zeigen meist viel Phantasie beim Experimentieren mit Lippen und Zunge. Ausgehend von der alltäglichen Situation „Bei Tisch“ wird zu Spielen und Übungen angeregt, denn gerade beim Essen und Trinken sind Lippen und Zunge ja sehr aktiv.

Hinweis: Jedes Kind braucht geraume Zeit, um den individuell richtigen Tonansatz zu entwickeln. Training ist wichtig, aber auch die Anatomie der Lippen spielt eine große Rolle. Zu frühes und einengendes Hinarbeiten auf eine „ideale“ Lippenstellung führt leicht zu Verkrampfungen und verhindert die individuelle Tonentwicklung.

Besondere Ziele / Aktivitäten
- Rhythmisierte Texte sprechen und erfinden;
- Muskeln in Gesicht, Mundraum und Hals und deren Bewegungsmöglichkeiten erspüren;
- verschiedene Lippenspannungen und -stellungen ausprobieren;
- Lippen- und Zungengeräusche entdecken;
- eine Bildergeschichte mit solchen Geräuschen vertonen;
- durch exaktes Sprechen die Lippen trainieren.

Besondere Materialien
- Stifte, Papier;
- Spiegel;
- Kassettenrekorder zum Aufnehmen.

Eine Unterrichtssequenz

1. Rhythmen machen Appetit

„Was isst du gern?“

Kinder lieben es, darüber zu erzählen – aber haben sie aus den Namen ihrer Lieblingsspeisen schon einmal eine Sprechmusik gemacht?

Die Lehrerin beginnt mit der rhythmisch exakt gesprochenen Frage:

Ein Kind nennt seine Lieblingsspeise. Die Lehrerin wiederholt die Antwort und gleicht sie dem Takt an, z.B.:

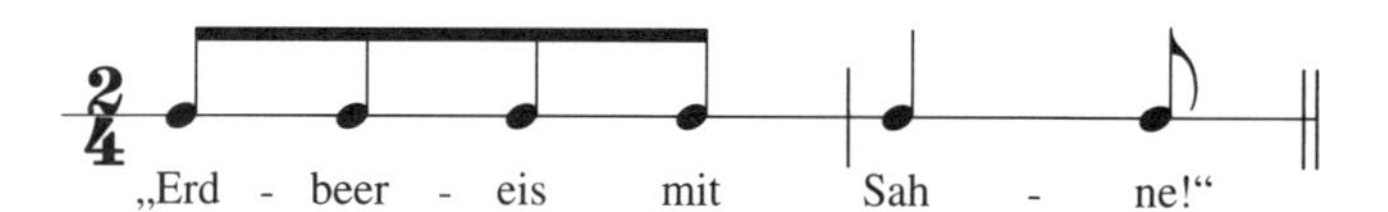

Nun fügen wir Frage und Antwort aneinander. Wir sprechen also:

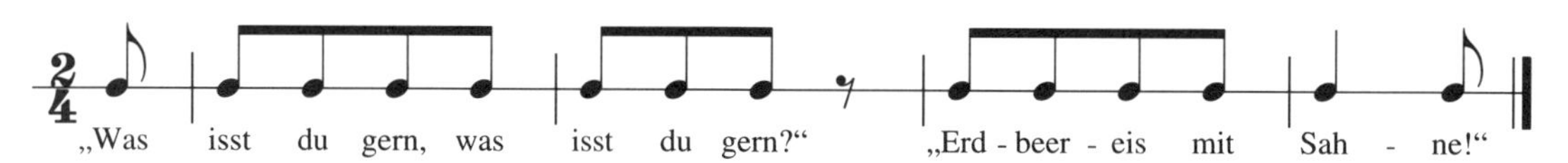

Das Spiel wird mehrmals wiederholt:

„Was magst du noch?“

Mit jeder neuen Antwort finden sich die Kinder besser in das rhythmisierte Sprechen ein. Allmählich werden die Nachdenkpausen kürzer; vielleicht entstehen ganz spontan rhythmisch und formal geschlossene Phrasen. – Auch auf die deutliche Aussprache soll geachtet werden.

Nach einiger Zeit wird eine neue Frage gestellt:

„Was trinkst du gern?“

Der Dialog (Fragen und Antworten) kann sich zunehmend zu einem zusammenhängenden *Sprechstück* entwickeln.

Das *Flötenheft* (S. 38) verspricht: „Rhythmen machen Appetit.“ Hier sind Fragen, Speisen, Getränke und zugehörige Rhythmen als Impulse aufgeschrieben. Betrachtet die Lehrerin diese mit den Kindern, liegen neue und differenzierende Aktivitäten nahe. – Beispiele:
- Die Wörter werden rhythmisch gesprochen (jedes Wort mehrmals im Takt wiederholen!). – Ein Kind spricht, die anderen klatschen nach oder mit.
- Ein Kind klatscht einen Wortrhythmus. – Welches *Wort* passt dazu?
- Ein Kind klatscht einen Wortrhythmus. – Welches *Notenbild* passt dazu?
- Die Wörter werden auf der Flöte gespielt. Zunächst auf einem Ton, dann auf verschiedenen – so, wie es der Sprachklang nahe legt.

Bestellspiel

Ein Kind übernimmt die Rolle der Bedienung bzw. des Kellners. Die anderen geben ihre Bestellung auf: rhythmisch gesprochen oder auf einem Ton mit der Flöte gespielt. Das „bedienende“ Kind wiederholt die Bestellung (in der vorgegebenen Weise). Wie viele Bestellungen kann es sich merken? Oder sollte es die Bestellungen in Noten aufschreiben?

2. Mein Lieblingsmenü

Im *Flötenheft* geht es noch einmal um Lieblingsspeisen und -getränke. Die Kinder sollen sich Speisen bzw. Getränke überlegen und diese singen, spielen und schließlich auch aufschreiben. Dazu sind kurze Melodiezeilen vorgegeben.

3. Geräusche beim Essen und Trinken

Auch durch Pantomime und Geräusche kann man darstellen, was jemand isst oder trinkt. Die Lehrerin führt durch ein Beispiel in das Spiel ein. Dann macht ein Kind etwas vor, die anderen raten. – Einige Vorschläge:

- Mit einer imaginären Gabel Spaghetti aufrollen und mit einem lauten Geräusch einsaugen.
- Auf einen Löffel mit heißer Suppe zum Kühlen blasen und die Suppe dann einschlürfen.
- Kaugummi auswickeln und schmatzend kauen.

Hinweis: Bei all diesen spielerischen Übungen sind auch als „unanständig" geltende Geräusche erlaubt und sogar notwendig, um später neue Klang- und Geräuschmöglichkeiten auf der Flöte entdecken zu können, wie sie moderne Spieltechniken oft verlangen.

Anschließend beschäftigen wir uns mit einzelnen Geräuschen genauer und beobachten die unterschiedlichen Lippenaktivitäten und -formen, die beim Geräuschemachen entstehen. Alles wird gemeinsam ausprobiert.

Spezielle Ideen, die die Lehrerin einbringen kann:

- „Das Essen schmeckt nicht!" – „Bfrrrrrrrr" ...
- „Ein Kirschkern wird ausgespuckt!" – Dabei lässt man die Zunge zwischen den Lippen knallen, indem man sie schnell zurückzieht. – „Th"!
- „In ein Glas Wasser hineinblasen, so dass sich Bläschen bilden." – Die Zunge liegt zwischen den Lippen, alles flattert (Zunge und Lippen). – Flrflrflrflr ... = Vorbereitung zur Flatterzunge.

> „Welche Geräusche entstehen wohl, wenn wir die gerade geübten Lippenkünste beim Flötenspiel anwenden? Verstärkt die Flöte das Mundgeräusch? – Entsteht ein Ton?"

4. Was Lippen und Zunge alles können

Unabhängig von den Vorstellungen zu „Essen" und „Trinken" forschen wir nach weiteren Aktionen für Lippen und Zunge, z.B.:

- Gurgeln,
- Blubbern,
- Schnalzen,
- mit der Zunge rollen,
- die Zunge flattern lassen,
- Pfeifen,
- verschiedene Konsonanten deutlich in die Flöte sprechen (p, t, k, sch, ß, d usw.).

Dies alles probieren wir wieder mit der ganzen Flöte bzw. mit dem Kopfstück aus. Wie hören sich die Geräusche jetzt an? Kann man alle Aktivitäten auf die Flöte übertragen?

> „Aufgepasst: Alle Geräusche sollen wirklich nur durch die Zunge, die Lippen und die ausströmende Luft erzeugt werden. Unsere Sprechstimme darf nicht mitklingen!"

5. Lippenbilder

FH 1 S. 40

Um die Bewegungen und Formungsmöglichkeiten von Zunge und Lippen noch intensiver bewusst zu machen, werden einige Geräusche ausgewählt und vor einem Spiegel wiederholt. Die Kinder sollen genau beobachten, wie die *Lippen* jeweils aussehen. Jedes Kind kann dann zu einigen

Geräuschen die Form seiner Lippen auf ein Blatt malen – ohne das Geräusch, das zu der Zeichnung passt, zu verraten. (Doch wird auf der Rückseite des Papiers vom Kind selbst bzw. von der Lehrerin aufgeschrieben, um welches Geräusch es sich handelt, damit später keine Verwechslungen entstehen.)

Die „Lippenbilder“ werden nebeneinander gelegt und gemeinsam betrachtet. Jedes Kind spielt so, wie auf einem der Bilder gezeigt, auf der Flöte vor. Die anderen raten, welches Bild gemeint ist.

Beispiele von Kinderzeichnungen:

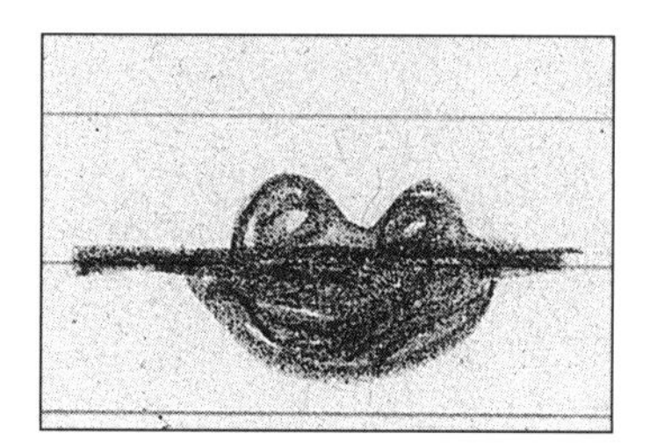
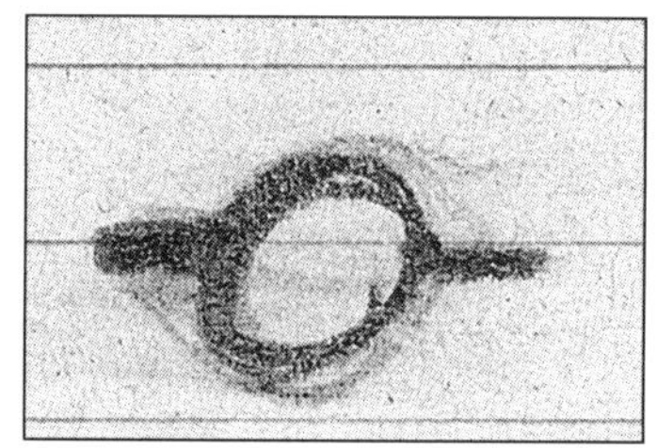
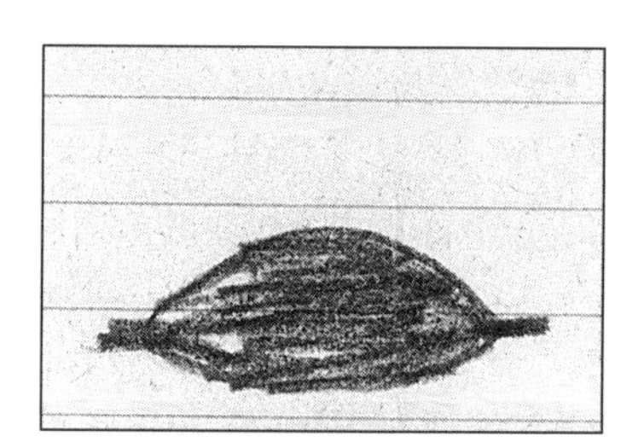

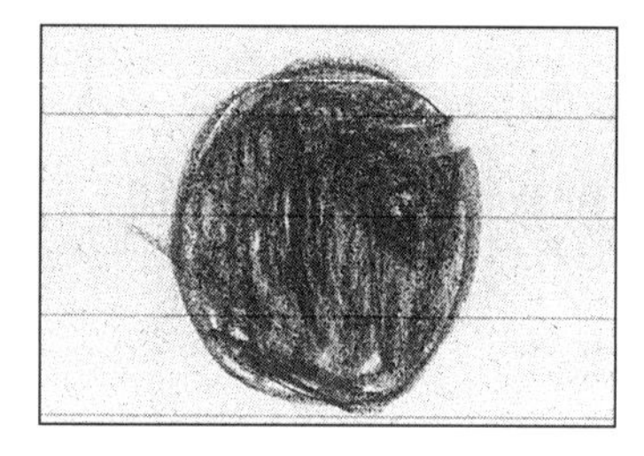
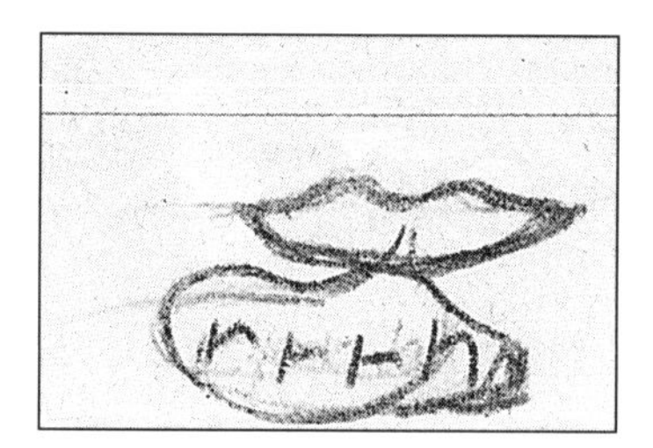
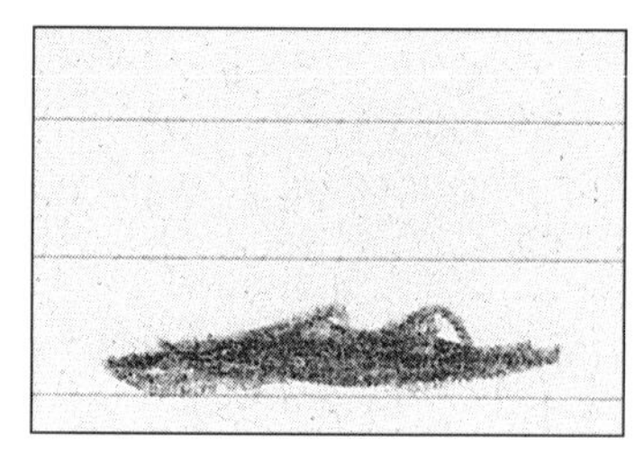

Hinweis: Geräusche und dazugehörige „Lippenbilder“ werden sehr individuell ausfallen und sollen nicht korrigiert werden. Entscheidend ist, dass jedes Kind merkt, wie unterschiedlich es seine Lippen formen kann.

Die Kinder kleben einige Lippenbilder in das *Flötenheft* (S. 40) ein oder zeichnen sie dort noch einmal.

6. Kannst du das alles auf der Flöte zum Klingen bringen?

Im *Flötenheft* finden die Kinder sechs Bilder. Welche Geräusche und Klänge passen dazu? Die Kinder probieren verschiedene Möglichkeiten auf der ganzen Flöte oder dem Flötenkopf aus. Besonders die neu entdeckten Lippengeräusche sollen angewendet werden. – Beispiele:

- Der Wecker klingelt: „brrrrrr“ in das Mundloch sprechen.
- Die Bettdecke bewegt sich: „ffffff“ kräftig über das Mundloch blasen.
- Pantoffel schlurfen: „schhhh, schhhh“ in die Flöte sprechen.

(Auch hier soll natürlich die Sprechstimme nicht mitklingen!)

Es bietet sich an, von den Bildern eine kleine Geschichte abzuleiten. Ein Kind erzählt, die anderen illustrieren mit Geräuschen. Anschließend kann die Geschichte auch ohne Worte musiziert werden. Eine Aufnahme mit dem Kassettenrekorder hilft, die Wirkung der Klänge zu kontrollieren.

7. P-T-Sch-F

FH 1
S. 41

Dieser Nonsenstext ist etwas für Lippen und Zunge und zum deutlichen Artikulieren. Die Kinder sollen ihn mehrmals sprechen. Eine Rhythmisierung liegt nahe, z.B.:

8. Das Lippen-Rhythmical

Jede Zeile ist als eine Stimme zu betrachten. Die Kinder lernen zunächst die erste und zweite Stimme durch Vor- und Nachsprechen und versuchen dann, die Rhythmen zweistimmig zu sprechen.

Allmählich beherrschen die Kinder alle Rhythmen und probieren zweistimmige Kombinationen aus. Sind die Kinder sicher, können bis zu fünf Rhythmen gleichzeitig gesprochen werden. Dafür kann eine Form vereinbart werden:

- Nacheinander setzt Stimme um Stimme ein, bis alle erklingen.
- Auf ein Zeichen der Lehrerin hört die erste Stimme am Ende der Zeile auf, dann die zweite Stimme usw., bis die letzte Stimme allein übrig bleibt und ihren Text noch einmal solo spricht.

9. Silben zum Kauen und Lutschen

Das Silbenspiel führt wie von selbst zum exakten Artikulieren und animiert die Kinder zu eigenen ähnlichen Sprachspielen.

Die Vokalabfolge von hell nach dunkel bzw. hoch nach tief (i–e–a–o) regt auch dazu an, die Wortfolgen auf der Flöte mit verschieden hohen Tönen nachzuspielen, z.B.:

Zahlreiche andere melodische Lösungen sind denkbar. Welche schlagen die Kinder vor?

Spielstücke und Musizieranregungen im Flötenheft

Will ein lustig Liedchen bringen

Dieses italienische Kinderlied erzählt von einem Nudelgericht, das auch vielen Kindern bei uns schmeckt. – Das Lied wird gesungen. Vielleicht kann die Flöte zunächst die zweite Stimme dazu spielen?

Wenn die Kinder alle notwendigen Töne bzw. Griffe des Liedes kennen, lernen sie auch die Melodie auf der Flöte spielen. Falls dies noch nicht der Fall ist, kann später darauf zurückgekommen werden. Reizvoll klingt eine Begleitung im Liedrhythmus auf der Schellentrommel.

Der Pumakatzentango (1/2)

„Pumakatzentango“, „Siebenschläferschieber“, „Krabbelkäferchacha“ ... – das Lied ist aus der Lust am Sprachspiel entstanden und die genannten Zungenbrecher-Wörter sollen auch zunächst einzeln geübt werden.

Im *Flötenheft* ist das Lied in zwei Tonarten aufgeführt. Die beim Singen und Spielen in D-Dur gewonnene Tonvorstellung kann – zunächst vom Gehör aus, dann auch mit Hilfe der Noten – nach B-Dur übertragen werden. Die Notationslücken im *Flötenheft* sollen die Kinder selbst schließen.

Die Kinder können sich diesmal selbst kurze Fingerübungen „rund um das *es*“ ausdenken und im *Flötenheft* eintragen.

Im *Flötenheft* auf S. 44 sind auch rhythmische Begleitmuster zum „Pumakatzentango“ notiert (Schlussformeln müssen jeweils verabredet werden). Zusammen mit dem folgenden Klaviersatz (D-Dur) kann sich ein abwechslungsreiches Singen und Musizieren ergeben.

Materialien zur weiteren Anregung

M 5.1 Der Pumakatzentango (Klaviersatz)

Rudolf Nykrin

fit. Ja, die - ser Pu - ma - kat - zen-, Pu - ma - kat - zen - tan - go, der trai - niert den
(gesprochen)
Mund von vorn bis zum Schlund und die - sen Pu - ma - kat - zen - tan - go
sin - gen wir aus die - sem Grund.

M 5.2 Ich weiß einen Klang

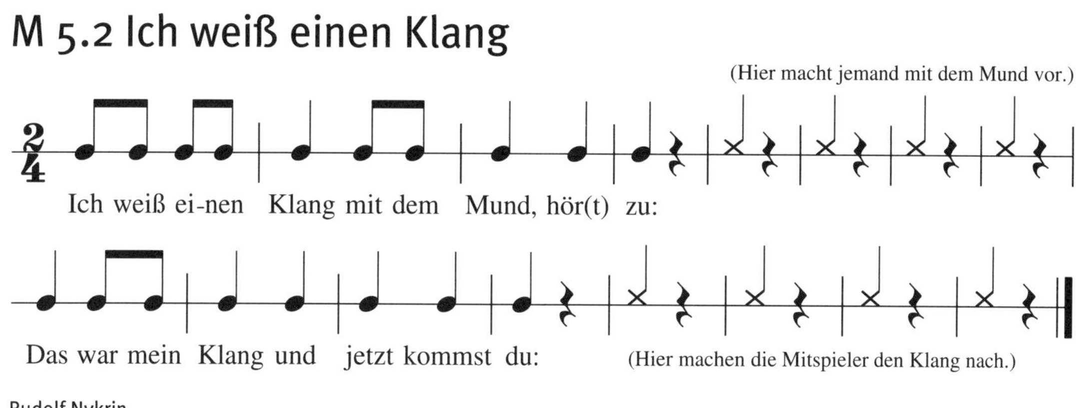

Rudolf Nykrin

Das Spiel eignet sich als Partnerspiel, aber auch im kleinen Kreis (drei bis vier Mitspieler). Die Rolle des Vormachenden wandert hier reihum.

Zwei Lieder – auch zum Transponieren

Die Melodien beider Lieder (beim ersten Lied auch die Begleitstimme) können von den Kindern Ton um Ton höher (oder tiefer) gesetzt werden. (Derartiges Transponieren einfacher Melodien gehört seit alters zum Spielrepertoire von Kindern.)

M 5.3 Wir haben Hunger, Hunger, Hunger

Stimme 1: mündlich überliefert; Stimme 2: Rudolf Nykrin

M 5.4 Eisgekühltes Coca-Cola

T/M: von Kindern übernommen

Auch dieses Lied wird im Übermut Ton um Ton höher gesungen bzw. gespielt.

Lied mit Akzenten

M 5.5 Tomátensalát, Tomaténsalat

überliefert

Bei diesem Lied lernen die Kinder u.a. das Akzentzeichen kennen. Zunächst sprechen sie den Text mit den richtigen Betonungen und singen das Lied so schnell wie möglich – und dann noch etwas schneller. Dann spielen sie es „mit flotter Zunge" auf der Flöte.